1판 1쇄 발행 2019년 2월 21일 | 1판 2쇄 발행 2020년 1월 20일
2판 1쇄 발행 2022년 2월 25일 | 2판 2쇄 발행 2023년 3월 17일

글쓴이 오승현 | **그린이** 이경국
펴낸이 홍석 | **이사** 홍성우 | **편집부장** 이정은
편집 박고은, 조유진 | **외주 편집** 스튜디오 플롯 | **디자인** 권영은, 김연서 | **외주 디자인** 신영미, 손현주
마케팅 이송희, 한유리, 이민재 | **관리** 최우리, 김정선, 정원경, 홍보람, 조영행, 김지혜
펴낸곳 도서출판 풀빛 | **등록** 1979년 3월 6일 제 2021-000055호
주소 서울특별시 강서구 양천로 583 우림블루나인 A동 21층 2110호
전화 02-363-5995(영업) 02-362-8900(편집) | **팩스** 070-4275-0445
전자우편 kids@pulbit.co.kr | **홈페이지** www.pulbit.co.kr
블로그 blog.naver.com/pulbitbooks | **인스타그램** instagram.com/pulbitkids

ISBN 979-11-6172-390-7 74550
     979-11-6172-283-2 (세트)

ⓒ 오승현 2019, 2022

*책값은 뒤표지에 표시되어 있습니다.
*파본이나 잘못된 책은 구입하신 곳에서 바꿔드립니다.

KC
품명 아동 도서 **사용연령** 8세 이상
제조국 대한민국 **제조년월** 2023년 3월 17일
제조자명 도서출판 풀빛 **연락처** 02-363-5995
주소 서울특별시 강서구 양천로 583 우림블루나인 A동 21층 2110호
주의사항 종이에 베이거나 긁히지 않도록 조심하세요.
책 모서리가 날카로우니 던지거나 떨어뜨리지 마세요.
KC마크는 이 제품이 공통안전기준에 적합하였음을 의미합니다.

역지사지 생생 **토론** 대회 ⑫

인공 지능 논쟁

오승현 글 | 이경국 그림

풀빛

개정판 작가의 말

인공 지능 세상 앞에 선
우리의 미래

알파고는 2016년 3월 이세돌과 세기의 대결을 벌여 유명해졌습니다. 그런데 알파고를 훨씬 넘어서는 알파고들이 있답니다. 2017년 구글은 알파고를 업그레이드해 알파고 마스터를 내놓았습니다. 알파고와의 대결에서 알파고 마스터는 100전 전승을 거둡니다. 다시 1년 뒤인 2018년, 구글은 알파고 제로를 개발했습니다. 알파고 제로는 알파고 마스터와의 대결에서 89승 11패를 기록했지요.

알파고와 알파고 마스터는 인간의 기보를 바탕으로 개발했습니다. 기보란 바둑을 둔 내용을 정리한 기록을 말합니다. 알파고를 만들 때 130만 개의 기보를 활용했지요. 그런데 알파고 제로는 기보 없이 스스로 학습하는 '셀프 트레이닝'으로 탄생했습니다. 알파고, 알파고 마스터와는 탄생 배경이 전혀 다르지요. 2017년 12월, 스스로 학습하는 알파고 제로가 바둑을 배운 지 36시간 만에 알파고를 꺾었습니다. 인공 지능이 빠른 속도로 발전을 거듭하고 있는 것입니다.

인공 지능의 발전 속도는 눈부시게 빠르지만, 지금까지의 인공 지능은 목적하는 한 가지 분야에서만 뛰어났습니다. 알파고처럼 바둑을 잘 두는 식으로 말이에요. 하나의 인공 지능이 여러 분야에서 두루두루 뛰어난 경우는 없었습니다. 그러나 인간은 글도 쓰고 노래도 부르며 수학 문제도 풀지요. 바둑처럼 특정 분야에서 인간이 인공 지능을 따라잡지 못하더라도, 인간의 뇌는 얕은 대신 넓답니다. 인간은 다양한 능력과 응용력을 갖고 있으니까요.

그러다 2020년 6월 11일 범용 인공 지능 GPT-3가 세상에 나왔습니다. 범용 인공 지능은 인간처럼 여러 분야를 넘나들며 두루 잘하는 인공 지능입니다. 한 분야에 특화된 기존 인공 지능과는 전혀 다른 인공이지요. GPT-3은 사람과 자연스럽게 대화를 나누고 시나 소설을 쓰며 사람이 프로그램 코딩을 만들어 달라고 요구하면 알아서 만들어 줍니다. GPT-3은 스스로 익힌 코딩 기술로 앱을 만들 수 있습니다.

GPT-3와 사람의 대화를 보면 누가 사람이고 누가 기계인지 구분하기 어려울 정도랍니다. 연구자들은 GPT-3와 사랑, 죽음, 영혼, 신, 선과 악 등 철학적 대화를 나눌 수도 있습니다. 대화를 하다 보면 인공 지능이 심지어 거짓말을 지어내기도 합니다. GPT-3은 인공 지능이 발전하는 속도가 예상보다 더 빠를 수 있음을 보여 주는 사례입니다. 아직은 '인공 지능 혁명'이라고 부를 정도는 아니지만, 조만간 인공 지능 혁명이 도래할지 모릅니다.

도구의 사전적 의미는 일할 때 쓰는 연장이나 생활에 필요한 수단입니다. 도구는 보조적 수단 같지만, 어떤 도구는 인류의 삶을 뿌리째 바꿨습니다. 가까운 예로 스마트폰 없는 일상을 상상할 수 있나요? 우리는 선사 시대부터 역사 시대를 석기, 청동기, 철기, 문자 시대, 활자 시대, 산업화 시대, 정보화 시대 등으로 구분합니다. 이러한 시대 구분은 도구를 기준으로 삼지요. 도구가 인간의 삶에 막대한 영향을 미치기 때문입니다.

이제 인공 지능이 그런 역할을 할 가능성이 높습니다. 조만간 자율 주행차가 전 세계를 누비고 인공 지능을 탑재한 로봇이 일상을 파고들 겁니다. 또한, 인간의 일자리를 위협할 수 있습니다. 일자리에 대한 전망은 엇갈리지만, 기대보다 우려가 큰 것이 사실이지요. 미래가 도둑처럼 들이닥치기 전에 준비해야 합니다. 미래에 대한 섣부른 비관도, 낙관도 위험합니다. 균형 잡힌 시각으로 미래를 준비하는 데 이 책이 작으나마 도움이 되길 바랍니다.

오승현

차례

개정판 작가의 말
인공 지능 세상 앞에 선 우리의 미래 ——— 004

1 인공 지능이란 무엇일까?

지각쟁이 최수연 ——— 012
인공 지능 강연 시작 ——— 015
인공 지능을 더 똑똑하게 만드는 딥 러닝 ——— 019
인공 지능의 학습 자료, 빅 데이터 ——— 022
인공 지능 기술의 미래 ——— 024

2 인공 지능은 일자리를 늘릴까, 줄일까?

첫 번째 토론, 인공 지능과 일자리 ——— 036
전문직의 미래는 안전할까? ——— 043
변수가 많은 서비스직 ——— 048
인공 지능과 미래의 일자리 ——— 054
기본 소득은 긍정적인 대안일까? ——— 060
함께 정리해 보기 인공 지능과 일자리를 둘러싼 쟁점 ——— 067

3 인공 지능은 인류에게 축복일까, 재앙일까?

두 번째 토론, 인공 지능이 주는 기회와 위기 —————— 072
기술의 공유화가 가능할까? —————— 084
강한 인공 지능이 등장할 먼 미래 —————— 090
예측하기 어려운 강한 인공 지능 —————— 096
함께 정리해 보기 인공 지능이 불러올 미래에 대한 쟁점 —————— 101

4 인공 지능도 마음이 있을까, 없을까?

세 번째 토론, 인공 지능의 마음과 권리 —————— 106
마음이 있다는 걸 어떻게 알까? —————— 114
인공 지능 권리의 기준 —————— 119
자의식을 갖춘 인공 지능을 인간처럼 대해야 할까? —————— 129
함께 정리해 보기 인공 지능의 권리에 대한 쟁점 —————— 139

5 인공 지능의 통제는 가능할까, 불가능할까?

네 번째 토론, 인공 지능의 통제와 규제 —————— 144
인공 지능이 책임을 질 수 있을까? —————— 153
강한 인공 지능은 통제가 가능할까? —————— 163
함께 정리해 보기 인공 지능을 통제하는 문제에 대한 쟁점 —————— 173

1

인공 지능이란 무엇일까?

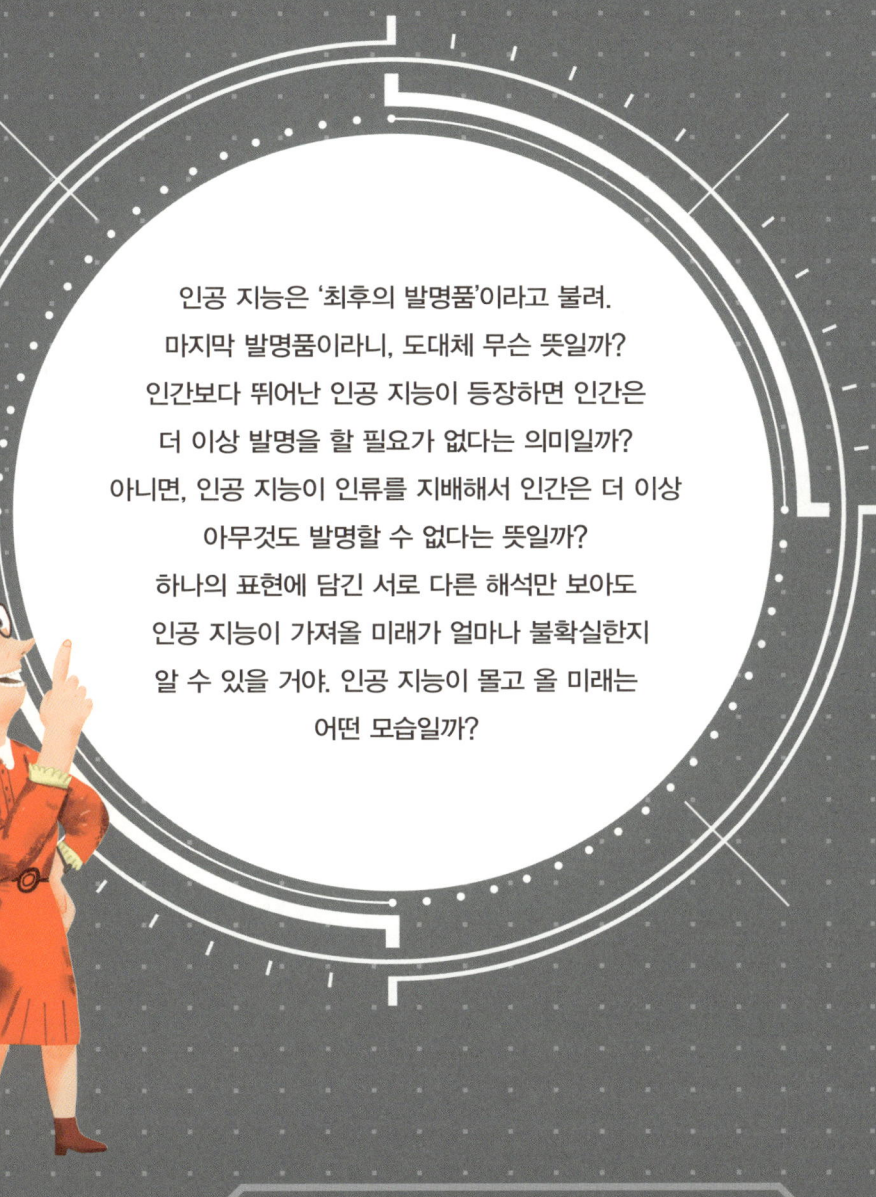

인공 지능은 '최후의 발명품'이라고 불려.
마지막 발명품이라니, 도대체 무슨 뜻일까?
인간보다 뛰어난 인공 지능이 등장하면 인간은
더 이상 발명을 할 필요가 없다는 의미일까?
아니면, 인공 지능이 인류를 지배해서 인간은 더 이상
아무것도 발명할 수 없다는 뜻일까?
하나의 표현에 담긴 서로 다른 해석만 보아도
인공 지능이 가져올 미래가 얼마나 불확실한지
알 수 있을 거야. 인공 지능이 몰고 올 미래는
어떤 모습일까?

지각쟁이 최수연

"이러다 지각하겠다!"
수연은 서둘러 가방을 챙겼다.
"아침밥은?"
"못 먹어요. 학교 늦을 것 같아요!"
"그러게 왜 그렇게 늦게 잤어?"
"토론 대회 준비 때문에요."
엄마는 수연의 입에 빵을 밀어 넣었다.
"음……. 마, 제 책상 츠, 치우지 마세요."
수연은 빵을 오물오물하며 힘겹게 말했다.

"저, 갈게요!"

수연은 인사도 하는 둥 마는 둥 서둘러 집을 나왔다.

수연은 지난주부터 토론 대회 준비에 여념이 없었다. 오늘은 대회 개막일이었다. 본격적인 토론은 다음 주부터 시작하지만 수연은 미리부터 준비에 박차를 가했다.

4학년부터 6학년까지 반 대표 두 명이 한 팀이 되어 참여하는 학교 전체 토론 대회였다. 평소 책 읽는 걸 좋아하고 토론을 곧잘 하는 수연이 학교 행사 가운데 유일하게 기다리는 행사가 바로 토론 대회였다.

'올해는 기필코 우승이다.'

수연은 밤마다 이 생각을 곱씹으며 대회를 준비했다. 작년 대회에서 아쉽게 준우승을 차지했기 때문이다.

"아, 아. 마이크 테스트, 마이크 테스트. 여러분, 자리에 앉아 주세요."

행사가 열리는 대강당에 도착해 보니, 다행히 아직 시작 전이었다. 저기 가을이 보였다. 이번에 수연과 한 팀이 된 같은 반 친구였다.

"가을아, 안녕?"

"지금 왔어?"

"응. 늦잠을 자는 바람에……. 아, 이제 시작하나 보다."

사회자 선생님이 입을 뗐다.

"이번 토론 대회는 다루는 주제가 만만치 않다 보니, 예고한 대로 강연을 먼저 듣고 토론회를 진행하기로 했죠. 《지구 멸망 보고서》를 쓰신 오승현 선생님을 초대했어요. 《지구 멸망 보고서》는 인류의 멸망을 소행성 충돌, 인공 지능, 핵, 지구 온난화, 이렇게 네 가지 측면에서 다룬 책이에요. 오늘 강연은 토론 주제인 인공 지능을 중심으로 해 주실 거예요. 자, 그럼 뜨거운 박수로 오승현 선생님을 모셔 볼까요?"

강연자가 연단에 오르자 강당에 모인 학생들이 손뼉을 쳤다.

인공 지능 강연 시작

 "여러분, 반가워요. 종종 중, 고등학생들을 대상으로 강연하긴 해도, 이렇게 초등학생들을 만나기란 드물어 오늘 강연이 더욱 반갑네요. 오늘 다룰 주제는 인공 지능이에요. 최근 인공 지능이 큰 화제로 떠오르고 있죠? 여러분도 관심이 많을 거예요. 2016년에 알파고와 이세돌 9단이 바둑 대결을 벌인 이후로 대중의 관심이 더 커졌지요.

 여러분의 질문지를 받아 보니까 가장 많이 나온 질문이 인공 지능이 뭔지, 인공 지능이 갑자기 뜬 이유가 뭔지, 미래는 어떻게 바뀔지 등이더군요. 여러분이 질문한 것들을 중심으로 인공 지능에 대해 이야기할까 해요. 그럼 본격적으로 강연을 시작해 볼까요?"

 강연자가 간단한 인사말 뒤에 강의를 시작했다.

 "먼저 인공 지능이 무엇인지 설명할게요. 인공 지능을 영어로 뭐라 하죠? 여기저기서 'AI'라고 하는 소리가 들리는군요. 하하, 맞아요. 인공 지능은 영어로는 Artificial Intelligence라고 합니다. 앞 글자를 따서 AI라고 부르죠. 사실 인공 지능 기술은 지금도 일상에서 쉽게 만날 수 있어요. 뭐가 있을까요?"

"로봇 청소기가 있어요!"

수연이 적막을 깨고 손을 들어 큰 소리로 말했다.

"맞아요, 로봇 청소기가 있어요. 또 구글이나 네이버 같은 검색 엔진에서 이미지 검색 기능, 애플의 '시리'나 구글의 '어시스턴트' 같은 인공 지능 비서, 온라인 게임에 등장하는 NPC Non Player Character, 플레이어 이외의 캐릭터 등에도 적용돼요.

그럼, 인공 지능은 무엇일까요? 인공 지능을 이해하려면 '지능'부터 알아야 해요. 지능은 어떤 문제를 해결하는 능력인데, 여기에 세 가지 요소가 필요해요. 첫째는 문제를 해결하기 위해 필요한 사항을 분석하는 능력, 둘째는 기존 정보와 새로운 정보를 통합적으로 고려하여 창의적으로 문제를 해결하는 능력, 셋째는 해결책에 따라 실제 행동을 하는 능력이에요. 이런 과정을 거쳐야 지능이 있다고 볼 수 있는 거죠. 그렇다면 계산기는 지능이 있는 걸까요, 없는 걸까요?"

"없어요!"

여기저기에서 없다고 소리쳤다.

"맞아요. 계산기는 필요한 사항들을 스스로 분석하지도, 새로운 정보와 기존 정보를 함께 고려해 창의적으로 문제를 해결하지도 않아요. 결론에 맞게 실제로 행동하지도 못하지요. 그러니 인공 지능으로 불릴 수 없어요. 집에서 사용하는 컴퓨터도 마찬가지예요. 컴퓨터는 인간보다 더 효율적으로 일을 처리하지만, 스스로 분석하거나 통합적으로 사고하지 못해요.

그렇다면 기계가 지능을 갖춘 것처럼 작동하려면 어떻게 해야 할까요? 이때 중요한 것이 바로 알고리즘이에요."

"선생님, 알고리즘이 뭐예요?"

민지가 호기심 어린 눈빛으로 손을 들고 물었다.

"말이 좀 낯설죠? 알고리즘은 '어떤 문제를 해결하기 위한 논리적 방법이나 절차'예요. 예를 들어 볼게요."

강연자가 대형 화면으로 그림 하나를 보여 주었다.

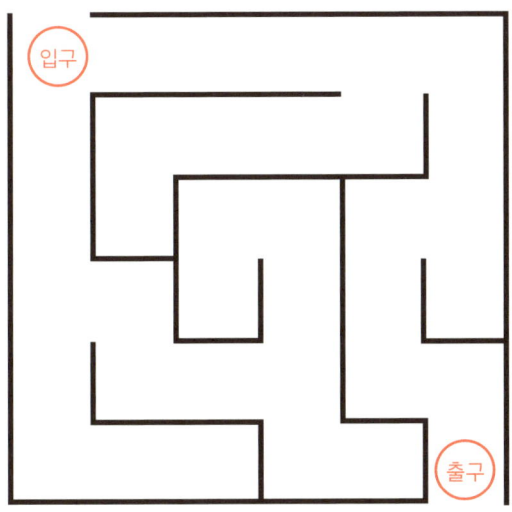

"미로의 길을 찾는 인공 지능을 개발한다고 가정해 볼게요. 왼쪽 상단의 입구에서 오른쪽 하단의 출구로 가는 길을 인공 지능이 어떻게 찾을 수 있을까요? 몇 가지 규칙을 정해 주면 된답니다."

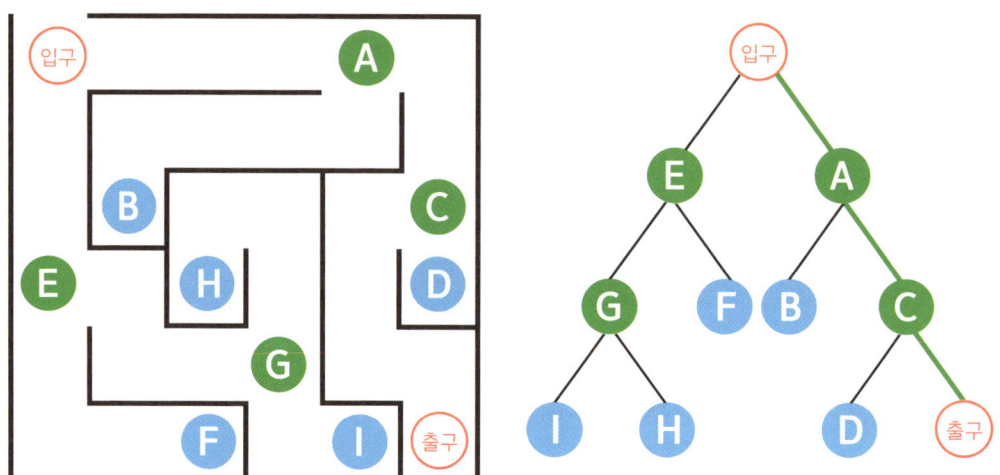

규칙 1(현재 위치 저장)

: 현재의 위치가 갈림길이면(Ⓐ 경우처럼) 위치를 기억한다.

규칙 2(이동)

: 지나온 길을 제외하고 남은 길이 없을 때까지 다음을 반복한다.
2-1. 이동할 길이 있으면 같은 방향으로 계속 움직인다. 지나온 길은 기억한다.
2-2. 막힌 곳이 나오면(Ⓑ 경우처럼) 규칙 3으로 넘어간다.

규칙 3(갈림길로 되돌아가기)

: 규칙 1에 따라 기억한 위치로 돌아가 이전에 가지 않은 길로 간다. (갈림길 Ⓐ로 돌아가 ⓒ 쪽으로 선택해서 이동)

"이런 식의 과정을 여러 번 반복하다 보면 결국 출구에 도달할 수 있어요. 인공 지능에게 이런 규칙을 부여하면 복잡한 길도 찾아낼 수 있겠죠? 이렇게 일정한 규칙을 정해 놓고 해결책을 찾아가는 과정을 알고리즘이라고 한답니다. 알고리즘이 없다면 인공 지능은 지나온 길을 무한히 맴돌면서 미로를 빠져나오지 못할 거예요. 스타크래프트 같은 게임에서 길 찾기를 할 때도 이런 알고리즘이 사용돼요."

인공 지능을 더 똑똑하게 만드는 딥 러닝

강연자가 물을 한 모금 마시고는 다시 말을 이어 갔다.

"인공 지능의 발전이 지지부진한 시기도 있었어요. 그때 인공 지능의 구원자로 등장한 게 머신 러닝이에요. 머신 러닝은 기계machine와 학습learning을 결합한 말로 '기계 학습'이라는 뜻이에요. 컴퓨터가 스스로 배우기 때문에 머신 러닝이라고 부른답니다. 최근에는 머신 러닝을 고도화한 딥 러닝이 주목받고 있죠. 컴퓨터가 스스로 배운다고는 하지만, 사람이 제공한 연습 문제를 학습하고 그 내용을 바탕으로 새로운 문제를 스스로 해결하는 거예요.

 최근 들어 인공 지능의 발전이 빨라지고 있는 건 딥 러닝 덕분이에요. 딥 러닝이 발전하기 전까지는 컴퓨터가 사람이 하는 것처럼 사물을 분류하거나 인식하기 어려웠어요. 예를 들어 컴퓨터가 강아지를 인식하도록 하기 위해서 컴퓨터에 정보를 입력해 준다고 해 보죠. 다리가 네 개라든지 꼬리가 있다든지 온몸이 털로 뒤덮여 있다든지 그런 정보 말이에요. 그런데 다리가 네 개에다 꼬리와 털이 있다고 해서 전부 다 강아지인 건 아니잖아요. 소나 양, 고양이일 수도 있어요. 여기서 강아지와 고양이는 어떻게 구분할까요? 강아지의 눈매가 고양이보다 덜 날카롭다는 정보를 넣어 주면 될까요?

 이런 식의 정보를 더 많이 입력해 줘도 컴퓨터는 강아지를 잘 인식하지 못한답니다. 강아지와 비슷한 대상들이 너무 많기 때문이에요. 사람 눈에는 전혀 비슷해 보이지 않더라도 말이죠. 또, 인간이 입력해 준 정보 말고 예외적인 정보도 많아요. 상황이 이렇다 보니 아무리 정보를 많이 줘도 컴퓨터가 강아지를 구분하는 일은 여간 어렵지 않죠."

 강연자는 사진 두 장을 대형 화면에 띄웠다.

 "재밌는 사진을 하나 보여 줄게요. 페이스북이 만든 인공 지능이 구별에 실패한 머핀과 치와와, 고양이와 아이스크림 사진이에요. 자, 어떤 정

▷ 치와와일까, 머핀일까?   ▷ 고양이일까, 아이스크림일까?

보들을 입력해 주면 머핀과 치와와를 정확히 구분할 수 있을까요? 그 차이를 정보화해서 컴퓨터에 넣어 주는 일이 아무래도 쉽지 않아 보입니다. 설사 아주 자세하게 설명해 줘서 컴퓨터가 치와와를 겨우 알아본다 해도, 치와와 말고 다른 품종의 개를 또 일일이 구별해 주려면 '끝없는 설명서'가 필요하겠죠.

반면에 인간은 치와와를 아주 쉽게 구분하지요. 치와와 몇 마리만 보고도 다른 개를 보면 치와와인지 아닌지 금방 알아볼 수 있어요. 이렇듯 인간에게 쉬운 일이 컴퓨터에겐 어렵고, 컴퓨터에게 쉬운 일이 인간에겐 어려웠답니다."

강연자는 다시 학생들을 바라보며 이야기를 이어 갔다.

"그러다 딥 러닝이 등장하면서 상황이 바뀌죠. '강아지는 어떠어떠한 동물이다.'와 같은 개념을 심어 줘서 강아지를 인식하도록 하는 게 아니라, 실제 강아지의 사례를 학습시켜 학습하지 않은 강아지도 인식하게 하는 방식이에요.

이런 방법은 인간의 학습 방식과 비슷해요. 우리가 강아지를 알아보는 과정을 떠올려 보세요. 머릿속에 강아지에 대한 개념을 담아 두고 강아지를 알아보나요? 실제 강아지나 사진 또는 영상 속의 강아지를 먼저 접한 후에 이를 바탕으로 강아지를 인식하지요. 즉, 컴퓨터가 기존의 데이터를 바탕으로 학습 모델을 만드는 것이 딥 러닝이에요. 주어진 문제 또는 상황에서 컴퓨터가 스스로 학습할 수 있도록 하는 거죠. 컴퓨터가 나름의 규칙과 논리에 따라 정보를 분석한 뒤에 이를 기반으로 스스로 문제를 해결하는 거예요."

인공 지능의 학습 자료, 빅 데이터

쉽지 않은 강연이었지만 아이들은 초롱초롱한 눈으로 집중했다. 그런 아이들 틈에서 수연의 눈빛이 더욱 빛났다. 수연은 강연자의 말을 놓칠세라 열심히 필기까지 하고 있었다.

"최근 인공 지능 기술이 발전하게 된 데는 딥 러닝과 함께 '빅 데이터

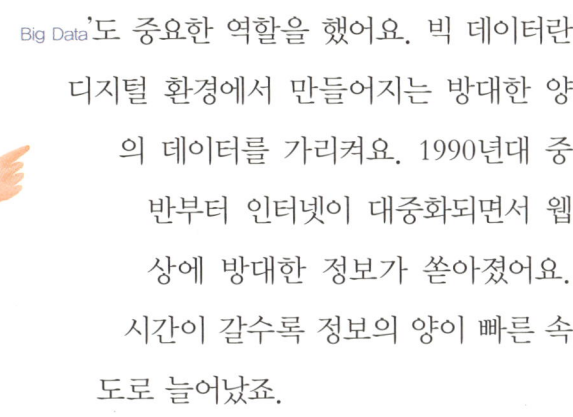

Big Data'도 중요한 역할을 했어요. 빅 데이터란 디지털 환경에서 만들어지는 방대한 양의 데이터를 가리켜요. 1990년대 중반부터 인터넷이 대중화되면서 웹 상에 방대한 정보가 쏟아졌어요. 시간이 갈수록 정보의 양이 빠른 속도로 늘어났죠.

하루에 생성되는 데이터의 양이 얼마나 될까요? 그 양은 자그마치 인류 문명이 시작된 이래 2000년까지 생성한 데이터의 양과 맞먹을 정도예요. 그렇게 하루하루 쌓인 데이터가 70일 정도가 되면 70일 전까지 인터넷에 있던 정보의 양보다 두 배가 더 커진답니다. 70일마다 인터넷 세상이 두 배씩 커진다고 보면 돼요."

70일마다 인터넷 세상이 두 배씩 커진다는 말에 다들 눈이 커졌다.

"다들 많이 놀란 눈치네요? 하하. 딥 러닝에 기반한 인공 지능은 수많은 사례를 학습해서 일정한 패턴을 찾아내고, 사물을 분석하고 분류해요. 그때 필요한 게 바로 엄청난 양의 데이터예요.

빅 데이터는 인공 지능에게 더없이 좋은 학습 자료인 셈이죠. 빅 데이터를 활용한 딥 러닝은 이세돌 9단을 꺾은 알파고를 통해 유명해졌는데요. 알파고는 무려 130만 개의 기보를 학습했어요. 기보란 바둑을 둔 내용을 정리한 기록이에요. 130만 개의 기보는 말 그대로 '빅' 데이터라고 할 수 있어요."

"선생님, 그런데 빅 데이터가 왜 중요해요? 인공 지능의 학습은 빅 데이터가 아니어도 딥 러닝 덕분에 가능해졌잖아요?"

수연이 의욕적으로 질문을 쏟아 냈다.

"좋은 질문이에요. 이렇게 설명해 볼게요. 여러분이 독학으로 무언가를 공부한다고 해 봅시다. 공부를 잘하려면 기본적으로 학습 자세가 중요하고 공부할 책도 있어야겠죠? 공부할 책이 한 권도 없는데 학습 법이나 학습 자세만 좋다고 공부를 잘할 수 있나요?

인공 지능도 딥 러닝이라는 좋은 학습 법을 갖게 되었으니 학습 내용을 채울 좋은 학습 자료가 있어야겠죠? 그게 바로 빅 데이터랍니다. 빅 데이터는 인공 지능이 경험할 수 있는 세계라고 할 수 있어요. 인공 지능도 사람처럼 경험을 많이 쌓을수록 일을 잘하거든요."

인공 지능 기술의 미래

강연자는 앞으로 인공 지능이 소셜 로봇, 자율 주행차, 음성 인식, 질병 치료 등 광범위한 분야에서 활용될 전망이라는 이야기를 꺼냈다. 아이들이 소셜 로봇이 무엇인지 질문을 하자 강연자는 그 부분부터 설명을 시작했다.

"소셜 로봇은 인간과 상호 작용하며 서비스를 제공하는 지능형 로봇을 말해요. 집안일을 대신해 주거나 노인들의 생활을 돕는 로봇이요. 이제 나머지들을 하나씩 설명해 줄게요."

강연자는 이어 자율 주행차에 대해 설명했다.

"미래의 자동차는 핸들이 없고 브레이크와 가속 페달도 없을 거라고 해요. 왜 그럴까요? 인공 지능이 운전을 하기 때문이에요. 이런 자동차를 자율 주행차라고 해요. 자율 주행차는 사람이 운전하지 않기에 사이드 미러 같은 것도 없죠. 자동차의 앞뒤 구분 자체가 사라질 거예요. 앞으로든 뒤로든 자유자재로 움직일 수 있으니까요.

인공 지능이 모든 차를 제어하게 되면 교통사고가 거의 사라질 것이라고 예상하는 사람도 있어요. 교통사고가 기계 결함, 도로 문제보다 운전자의 잘못으로 일어나는 경우가 많다는 연구 결과도 있으니까요. 그래서 정말로 안전한 자율 주행차를 만들려면 핸들과 브레이크를 없애야 한다는 말까지 있을 정도예요.

게다가 자동차들끼리 통신으로 연결되어 있어 어떻게 이동할지 서로 정보를 주고받을 테니 경적과 신호등도 사라질 수 있어요. 인공 지능이 운전하는 자율 주행차는 졸음운전도 하지 않고 음주 운전도 안 해요. 운전 중에 문자를 보내지도 않고요. 지금보다 훨씬 더 안전한 교통 환경이 되겠죠?"

강연을 듣는 학생들이 웃으며 "네." 하고 대답했다. 강연자는 이야기를 이어 나갔다.

"아마존의 알렉사, 구글의 어시스턴트, 애플의 시리, 삼성의 빅스비, 한 번쯤 들어 본 적 있지요? 모두 음성 인식을 기반으로 한 인공 지능 서비스예요. 앞으로는 음성 인식이 대세가 될 겁니다. 온라인 검색은 키보드 대신 음성으로 이뤄질 거예요. 도어락 같은 경우에도 홍채나 지문뿐 아니라 음성을 이용할 수도 있을 거예요. 사람마다 고유의 목소리가 있어서 다른 사람과 구별되거든요. 현관문뿐만 아니라 자동차 문도 가능해요.

음성 인식 인공 지능과 동작 인식 컨트롤러를 결합하면 스위치가 있는 곳까지 이동하지 않고도 전등을 끄고 창문을 여닫고 텔레비전 채널을 바꿀 수 있어요. 몸을 움직이지 못하는 환자는 음성으로, 말을 못하는 장애인은 동작으로 명령을 내리면 돼요. 음성 인식, 동작 인식 인공 지능이 지금보다 발전하면 몸이 불편한 사람들에게 큰 도움이 될 거예요."

생활에 밀접한 이야기가 나오자 학생들의 눈빛이 더욱 빛났다.

"또한 의료 분야에서도 인공 지능이 활약할 거라고 해요. 인공 지능 헬스 케어를 통해서 전반적인 건강 관리 시스템을 갖추는 거지요. 인공 지능의 발전으로 개인 맞춤형 진단 및 질병 예방이 가능해지고 원격 진료, 로봇 수술 등이 일반화될 수 있어요. 원격 진료를 통해 병원에 가지 않고도 진료를 받을 수 있는 거예요.

2016년에 구글이 선보인 스트림스는 질병을 조기 진단하는 인공 지능이에요. 환자의 몸 상태를 스스로 학습해 병을 예방하고 조기 치료를 유도하죠. 이 분야에서 현재 가장 주목받는 것은 의료용 인공 지능 '닥터 왓슨'이에요. 2014년 미국 종양 학회 발표에 따르면, '닥터 왓슨'은 자궁 경부암 100퍼센트, 대장암 98퍼센트, 직장암 96퍼센트, 췌장암 94퍼센트의 확률로 암을 진단한다고 해요. 대체로 90퍼센트 이상의 정확도를 보이고 어떤 건 100퍼센트에 이른다니, 놀랍지 않나요? 저는 좀 섬뜩한 느낌도 받아요."

"왜 섬뜩하다고 느끼세요?"

민지가 큰 눈을 껌뻑이며 질문했다.

"생각해 보세요. 인간 의사 못지않게 암을 정확하게 진단한다면 조만간 인공 지능 의사가 인간 의사를 대체할지도 모르잖아요. 근데 그게 의사 일 말고도 여러 분야에서 일어날 수 있다고 생각하면 섬뜩하지 않을 수 없죠."

"인공 지능이 어떤 직업들을 대체할까요?"

다들 궁금해 죽겠다는 눈빛이었다.

"기관마다 예측이 조금씩 다르답니다. 공통적으로 예측하는 분야는 운수업이에요. 자율 주행차가 대세가 되면 버스, 택시 등의 운전기사들이 사라질 거라는 예측이에요. 운전면허 시험도 사라지면 면허 시험장 직원들도 일자리를 잃겠지요. 인공 지능의 대화 수준이 발전할수록 전화로 상품을 판매하는 텔레마케터나 상담원 등도 사라질 겁니다. 반복 작업이 가능한 단순 업무는 대부분 인공 지능이나 로봇으로 대체될 거고요.

기자, 의사, 약사, 변호사, 세무사 등 전문직도 마찬가지예요. 물론 이들 직업은 인공 지능과 인간이 협업하는 수준에서 인공 지능의 역할이 커질 거라고 예측하기도 해요. 은행원, 증권사 직원 등 금융 계통도 인공 지능으로부터 자유롭지 않아요."

강연자가 시계를 힐끗 쳐다봤다.

"이제 강연을 마무리할 때가 됐군요. 마지막으로 이 얘기를 해야겠어요. 알파고는 로봇의 몸을 빌리지 않고 프로그램만으로 작동하는 인공 지능이에요. 지금까지 주로 프로그램 형태의 인공 지능을 설명했는데, 현실에서 인공 지능은 로봇의 형태로 구현될 때가 많아요. 로봇은 인공 지능을 탑재한 움직이는 기계라고 생각하면 된답니다.

오늘은 시간상 로봇 이야기를 거의 못 했어요. 여러분이 인공 지능에 대해서 토론할 때 이 부분을 주의할 필요가 있어요. 인공 지능 논의에서 로봇은 빠질 수 없거든요. 시간이 부족해서 여기까지만 할게요. 끝까지 경청해 줘서 감사합니다."

짧은 질의응답 시간을 가진 뒤 강연이 마무리됐다.

"여러분, 강연하신 선생님께 다시 한번 박수를 보낼까요?"

모두 뜨거운 박수를 보냈다.

토론 대회에 참여하는 학생들은 어느 정도 인공 지능에 대한 감을 잡은 듯한 표정이었다. 이미 조사를 많이 하고 공부해 둔 수연은 대부분 들어 본 이야기였다. 수연 말고도 눈빛이 빛나는 사람이 한 명 더 있었다. 이번 토론 대회에서 맞붙기로 한 상대 팀의 지환이었다. 지환은 전국 토론 대회에서 수상할 정도로 실력이 뛰어났다. 수연도 전국 대회에 나가고 싶었지만 아직까지 기회를 얻지 못했다.

'이번엔 우승을 안 놓친다.'

수연은 주먹을 불끈 쥐었다. 토론 대회까지 정확히 일주일이 남았다. 그동안 얼마나 더 열심히 준비하느냐에 따라 결과가 달라질 것이다.

2
인공 지능은 일자리를 늘릴까, 줄일까?

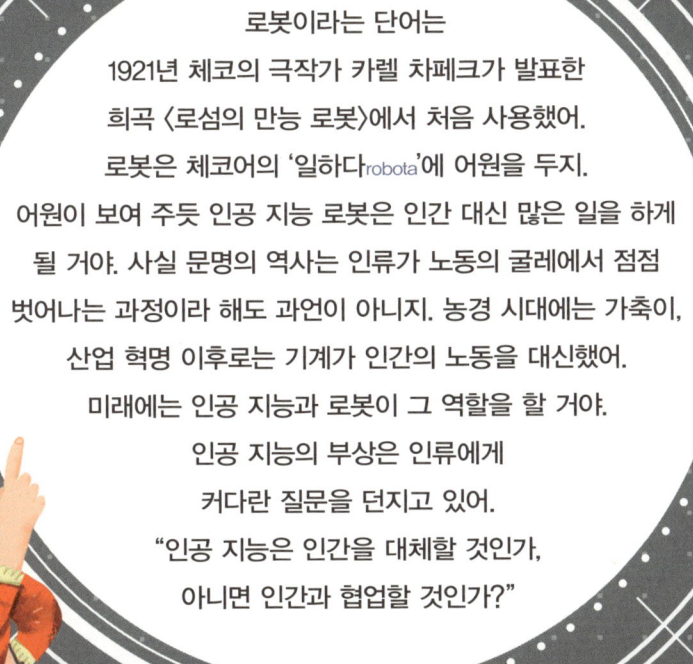

로봇이라는 단어는
1921년 체코의 극작가 카렐 차페크가 발표한
희곡 〈로섬의 만능 로봇〉에서 처음 사용했어.
로봇은 체코어의 '일하다robota'에 어원을 두지.
어원이 보여 주듯 인공 지능 로봇은 인간 대신 많은 일을 하게
될 거야. 사실 문명의 역사는 인류가 노동의 굴레에서 점점
벗어나는 과정이라 해도 과언이 아니지. 농경 시대에는 가축이,
산업 혁명 이후로는 기계가 인간의 노동을 대신했어.
미래에는 인공 지능과 로봇이 그 역할을 할 거야.
인공 지능의 부상은 인류에게
커다란 질문을 던지고 있어.
"인공 지능은 인간을 대체할 것인가,
아니면 인간과 협업할 것인가?"

인공 지능은 일자리를 늘린다

크게 두 갈래에서 일자리가 늘어날 거야. 인공 지능을 연구하고 개발하는 일자리와 인공 지능으로 여러 산업 분야에서 만들어질 일자리이지. 일부에서는 인공 지능이 인간의 일자리를 대거 대체할 거라고 주장하지만 이는 사실이 아니야. 서비스업만 하더라도 인공 지능 로봇이 대체하기 어려워. 가장 큰 이유는 로봇 기술이 인간의 작업을 대체할 만큼 발전하려면 아직 멀었기 때문이야. 인공 지능의 발전으로 인간의 일자리에 큰 변화가 올 수는 있지만, 일자리 자체가 사라지는 변화라기보다 일자리의 내용과 성격이 달라지는 변화에 가까워. 앞으로 인간과 인공 지능이 함께 일하게 되면 다양한 종류의 직업이 생겨날 거야.

인공 지능은 일자리를 줄인다

인공 지능이 등장하면서 일자리가 감소하는 건 제조업에 머물지 않을 거야. 서비스업은 물론이고 의사나 변호사 같은 전문직도 예외가 아니야. 이미 '닥터 왓슨' 같은 의료용 인공 지능이 인간 의사 못지않은 정확도로 암을 진단하고 있어. 일부에서는 인공 지능 로봇이 인간의 섬세한 작업을 따라 하기 어렵기 때문에 서비스직은 걱정 없다고 하지만, 로봇 기술이 빠르게 발전하면 장담하기 어려워. 일자리가 사라진 미래는 어떤 모습일까? 일자리가 사라지면 소득도 사라지고 소비도 사라지지. 즉, 경제가 작동을 멈추는 거야. 그래서 인공 지능으로 인한 일자리 감소에 대비해 모든 사람에게 조건 없이 주는 '기본 소득'이 대안으로 제시되기도 해.

첫 번째 토론, 인공 지능과 일자리

어느덧 시간이 흘러 한 주가 지났다. 첫 번째 토론회가 열리는 날이었다.
"하하하."
성격이 활달한 수연의 웃음소리가 교실에 쩌렁쩌렁 울렸다. 수연과 가을은 열심히 수다를 떨었다. 반면에 차분한 성격인 민지와 지환은 조용히 앉아서 자료를 들여다보고 있었다. 다들 열심히 준비했는지 자신감이 넘쳐 보였다.

선생님이 교실로 들어오자 수연과 가

을이 부리나케 자리에 앉았다.

"이번 토론은 인공 지능에 대한 찬반 토론은 아닙니다. 이미 인공 지능이 현실화되었기에 인공 지능의 미래에 낙관적우호적인 입장과 비관적비판적인 입장으로 나눠서 토론을 진행하기로 했죠? 편의상 굳이 찬반을 나눈다고 하면, 인공 지능의 미래가 밝다는 데 동의하느냐, 동의하지 않느냐로 나눌 수 있다고 한 거 다들 기억하나요?"

"네!"

다들 우렁차게 대답했다.

"좋아요. 그럼 첫 번째 토론을 시작해 볼까요? 첫 번째 토론 주제는 '인공 지능과 일자리'예요. 먼저 지환 팀에서 발표하도록 합시다."

지환이 발표자로 나섰다. 지환은 첫 번째 주자로 나서게 되어서 살짝 긴장했는지 입술에 침을 묻혔다.

"저희는 인공 지능이 일자리를 늘릴 거라고 생각합니다. 첫째는 인공 지능 분야가 발전할수록 기술을 개발하는 인력이 더 필요해질 테고, 둘째는 인공 지능이 발전할수록 여러 분야에서 혁신이 일어나 새로운 일자리가 생겨날 것이기 때문입니다."

"수연 팀 입장도 들어 볼까요?"

수연이 두어 번 헛기침을 한 후 발언에 나섰다.

"큼큼. 저희는 인공 지능이 일자리를 대폭 줄일 거라고 생각합니다. 인공 지능이 대체하는 일자리만큼 새로운 일자리가 만들어지지 않을 거예요. 인공 지능 전문가들도 대부분 여기에 동의해요. 인공 지능 로봇은 먹지도 자지도 않기 때문에 특히 콜센터나 제조업의 생산 라인은 자동화 시스템으로 빠르게 대체될 거예요. 지금도 사람 없는 공장이 늘어나면서 인간을 일자리에서 몰아내고 있어요."

"네, 잘 들었습니다. 이제는 좀 더 구체적으로 각자 입장의 근거를 제시해 볼까요?"

지환과 한 팀인 민지가 잽싸게 손을 들었다.

"과거 산업 혁명 때에도 기계가 사람의 일자리를 빼앗는다고 생각했어요. 그런데 대량 생산, 대량 판매는 더 많은 노동력을 필요로 했어요. 기계와 인간이 공존할 수밖에 없었지요. 인공 지능 기술이 아무리 발달해도 인공 지능을 훈련시키고 인공 지능이 학습할 데이터를 만들어 내는 일은 결국 사람의 몫이에요. 인공 지능이 발전할수록 인공 지능을 뒷받침하는 노동력이 더 필요한 이유랍니다."

수연이 곧바로 반론을 폈다.

"과연 그럴까요? 알파고 제로를 생각해 보세요. 알파고 제로는 기존 기보 없이 기본적인 바둑 규칙만 배우고 스스로 바둑을 뒀어요. 여기서 사람이 한 일은 거의 없습니다. 과연 인공 지능을 학습시키고 훈련시키는 일이 사람의 몫일까요?"

민지가 지지 않고 대답했다.

"알파고 제로만 보면 그렇게 생각할 수 있겠지요. 하지만 그런 식의 인공 지능은 드물어요. 그 외 여러 분야에서는 인공 지능이 성장하도록 돕는 인간의 노동이 꼭 필요해요. 인공 지능의 발전에 빅 데이터가 중요한 역할을 하잖아요? 그런데 인공 지능에 빅 데이터를 입력하는 기본 작업은 인간이 직접 해야 해요. 예를 들어 드론을 이용한 무인 택배가 가능하려면 위성 사진에 정확한 집 위치를 찍어 줘야 합니다. 이런 작업은 인간이 할 수밖에 없어요."

"지금까지는 빅 데이터를 사람이 입력해 준 건 맞아요. 그러나 앞으로도 그럴까요?"

"앞으로요? 그건……."

예상치 못한 질문이 들어오자 민지가 당황한 채 머뭇거렸다. 민지가 초조한지 손가락을 만지작거리며 무슨 말을 할지 고민했지만 마땅한 말을 찾지 못했다. 그러자 수연이 자신 있게 말을 이어 갔다.

"최근 사물 인터넷이 빠르게 발전하고 있어요. 사물 인터넷은 쉽게 말해서 물건들이 서로 대화할 수 있도록 하는 기술이에요. 사물에 센서를 부착해서 실시간으로 데이터를 주고받는 거지요. 사람의 입력 없이도 물건들끼리 자동으로 데이터를 교환할 수 있게 돼요.

앞으로 사물 인터넷이 더욱 발전하면 인터넷에 연결된 컴퓨터가 알아서 필요한 정보를 찾고 빅 데이터를 구축할 거예요. 그렇다면 방금 지적하신 그런 일자리는 줄어들 거예요."

수연의 반론을 민지 대신 지환이 받아쳤다.

"앞으로는 그렇게 될지도 모릅니다. 그러나 인공 지능을 뒷받침하는 일자리 말고도 인공 지능이 만들어 낼 일자리도 있지 않을까요?"

이번에는 수연과 같은 팀인 가을이 나섰다.

"어떤 일자리가 있을까요? 제 생각에는 새로 생기는 일자리보다 사라

질 일자리가 더 많은 것 같은데요. 아디다스의 '스피드 팩토리'는 100퍼센트 자동화 공정을 갖춘 공장이라고 해요. 그 공장에서는 사람 대신 로봇이 운동화를 만들어요. 연간 50만 켤레를 생산하면서도 직원은 열 명 남짓이라고 해요."

"그런 공장은 이전에도 있지 않았나요? 이미 오래전부터 기계는 인간의 노동을 대신해 왔어요."

지환의 질문에 가을이 다시 대답했다.

"네, 맞아요. 산업 혁명 이후로 기계는 꾸준히 인간의 노동력을 대체해 왔으니까요. 문제는 인공 지능이 이전 기계들과는 다르다는 거예요. 과거의 기계들은 사람이 조종해야 움직였어요. 그러나 인공 지능은 사람의 조종 없이, 즉 관리자 없이도 생산이 가능해요."

가을의 말이 끝나자마자 수연이 거들었다.

"여기 신문에서 스크랩한 자료가 있어요. 이 기사는 2013년에 영국 옥스퍼드 대학 경제학과 교수들이 발표한 〈고용의 미래: 우리의 직업은 컴퓨터화에 얼마나 민감한가〉라는 보고서 내용이에요. 이 보고서는 미국과 영국의 주요 직업 702개를 대상으로 생존 가능성을 조사한 내용을 담고 있답니다. 미국의 경우에 20년 이내에 운반직, 단순 생산직, 단순 서비스직 등을 중심으로 6,400만 개의 일자리가 사라질 것으로 예측했어요. 전체 일자리의 47퍼센트에 달하는 규모라고 하네요."

수연이 스크랩한 자료까지 꺼내 근거를 들었지만 지환은 한 치의 물러섬도 없었다.

"자동차가 발명되었다고 사람들이 걷지 않는 건 아니지요. 올림픽에도 여전히 육상 종목이 있어요. 자동차와 비교하면 인간의 달리기 실력은 우스울 정도인데 말이에요. 인공 지능도 마찬가지라고 생각해요. 인공 지능이 똑똑해도 인간의 뇌를 완전히 압도할 순 없어요. 인간만의 고유한 능력이 있으니까요. 인공 지능의 능력이 아무리 향상된다 해도 인공 지능이 대신할 수 없는 분야가 있지 않을까요?"

"과연 그럴까요? 인공 지능은 스스로 학습합니다. 인공 지능이 학습하는 폭이 더 넓어지면 더 많은 생산 공장에서, 또 전문직에서도 인간을 대체할 거예요. 회계나 법률, 의료에 이르기까지, 즉 지적 노동까지도 인공 지능의 위협을 받을 거예요."

수연이 단호하게 말했다.

전문직의 미래는 안전할까?

수연의 의견을 시작으로 토론이 자연스럽게 전문직 이야기로 넘어갔다. 민지가 이야기를 꺼냈다.

"전문직 중에서 기자라는 직업을 예로 들어 볼게요. 로봇 기자가 자료를 수집하고 분석해 기사를 작성하는 것을 로봇 저널리즘이라고 해요. 2014년 3월에 미국 로스앤젤레스에서 진도 4.4의 지진이 발생했습니다.

그때 지진 발생 3분 만에 〈LA 타임스〉가 미국 전역에 가장 빨리 기사를 내보냈다고 해요. 당시 〈LA 타임스〉의 속보는 로봇 기자가 작성한 기사였어요."

가을이 민지의 이야기에 맞장구를 쳤다.

"네, 그건 저희도 조사해서 이미 알고 있어요. 기사를 쓴 로봇은 미국 지질 조사국의 지진 경보 데이터를 실시간으로 모니터링하는 인공 지능 로봇 기자 퀘이크봇이었어요."

"로봇 저널리즘이 등장하면 과연 기자들의 일자리가 줄어들까 생각해 봤어요. 인공 지능이 기사를 쓰면 기자들이 필요 없어질까요? 물론 기자들의 업무 중에 어떤 부분은 인공 지능이 대신할 수 있을 거예요. 방금 예로 든 속보 기사 같은 경우가 그렇죠."

민지의 뜻밖의 말에 가을이 끼어들었다.

"지금 그 말씀은 인공 지능이 일자리를 없앨 거라는 의견에 동의하시는 건가요?"

민지는 고개를 저으며 대답했다.

"아니요. 새로운 개인 맞춤 미디어들이 등장하면서 신문사나 잡지사에 소속되지 않은 '1인 기자'들이 생겨날 수도 있을 것 같아요. 반면에 '온라인 뉴스팀' 기자들은 사라지겠죠. 온라인 기사들은 주로 포털 상위 검색어를 쫓아 작성되다 보니 비슷한 내용으로

수십, 수백 개씩 쏟아져요. 클릭 수에 따라 광고 수입이 결정되기 때문에 벌어지는 결과랍니다. 인공 지능 기자가 단순 기사를 작성하게 되면 이런 기자들은 사라질 거예요."

가을이 다시 물었다.

"그럼 그 일을 하고 있는 많은 기자가 사라질 수 있겠네요?"

"그렇다고 기자라는 직업이 사라지는 건 아니라고 생각해요. 귀찮은 작업, 가령 취재나 자료 수집 등은 인공 지능이 대신하고 기자는 심층 분석이나 탐사 보도 등에 집중할 수 있으니까요. 보다 깊이 있게 사건을 분석하고 감동과 이야기가 있는 뉴스를 찾고 알리는 일이 가능해지는 거지요."

"조금씩 자리가 좁아지다 보면 먼 미래에는 기자 일자리가 사라질 수 있지 않을까요?"

가을이 연거푸 묻자 이번엔 지환이 민지의 바통을 이어받았다.

"직업이 사라진다기보다 전문화될 거라고 생각해요. 다른 분야도 마찬가지로 한꺼번에 일자리가 줄진 않을 겁니다. 대표적으로 비즈니스 금융, 컴퓨터 수학, 건축 엔지니어링 등과 관련해선 상당한 일자리가 생겨날 거라고 해요. 전문직이 전부 인공 지능에 잠식되진 않을 거예요."

민지가 지환의 이야기에 덧붙였다.

"일자리가 생겨날 분야를 좀 더 구체적으로 설명할게요. 금융 분야에서 인간의 투자 결정 등을 거드는 로봇 어드바이저, 교통 분야에서 주목받는 자율 주행 자동차, 의료 산업에서 고부가 서비스 창출을 기대하는 인공 지능 헬스 케어, AI 채팅앱 분야의 챗봇채팅 로봇 등이 있어요."

수연이 바로 반론을 제기했다.

"인공 지능이 일정 수준을 넘어서면 인류보다 훨씬 빠른 속도로 진화할 거예요. 그렇게 되면 인공 지능은 무수한 일자리에서 인간을 대신할 겁니다. 인공 지능으로 일자리가 생겨나더라도 인공 지능이 빼앗는 일자리 수에 미치지 못할 거고요."

지환은 얼른 자료를 꺼내 읽었다.

"세계 경제 포럼WEF의 자료에 따르면, 2022년까지 인공 지능이 전 세계적으로 7,500만 개의 일자리를 없애지만 1억 3,300만 개의 일자리를 만들 것으로 예측합니다. 이런 자료를 보면 일자리가 사라진다고 이야기할 수는 없어요."

수연이 다시 반박했다.

"설사 인공 지능이 새로운 일자리를 만들어 낸다 해도, 그건 실업을 당한 사람들을 위한 일자리가 아니에요. 봉제 공장 노동자가 소프트웨어 엔지니어가 되긴 어렵잖아요. 기술 발전으로 일자리를 잃은 노동자와 새롭게 생겨날 일자리를 차지할 노동자가 동일하지 않다는 것이 문제라고 생각해요."

변수가 많은 서비스직

"그럼 이제부터 일자리 문제를 좀 더 구체적으로 살펴보면 어떨까요? 전체 일자리에 대해 여러 가지 의견이 나오다 보니 막연한 느낌이 드네요. 좀 더 세부적으로 나눠서 분야별로 일자리의 증감을 따져 볼까요? 누가 먼저 이야기해 볼래요?"

선생님의 질문에 민지가 손을 들었다.

"인공 지능이 모든 걸 할 수 있어서 인간의 직업이 모두 사라진다고 주장하는 건 설득력이 떨어집니다. 공장의 생산직이 대체될 수 있다는 점은 저희도 인정합니다. 지금도 자동화로 그렇게 된 곳이 많으니까요. 하지만 서비스직은 대체가 쉽지 않을 거예요."

"인공 지능이 모든 걸 하진 못해도 많은 걸 해낼 거예요. 그런데 서비스직을 콕 찍어 이야기하는 이유를 설명해 주세요."

수연이 질문을 던졌다.

"우리 주변에서 쉽게 볼 수 있는 서비스 업종을 예로 들어 볼게요. 카페나 식당, 미용실 등 말이에요. 택시나 버스 기사들도 마찬가지고요. 이 직업들은 말 그대로 손님을 직접 상대하며 서비스를 제공하는 직업이에요."

민지가 예를 들자 수연이 예시를 반박했다.

"아, 지금 말씀하신 직업들 중에서는 이미 인공 지능 로봇이 적용된 경우가 있어요. 요즘은 식당이나 패스트푸드점 등에서 자동 주문 기계(키오스크)를 어렵지 않게 볼 수 있습니다. 일본에서는 일부 카페나 백화점 등에서 로봇을 사용한다고 해요."

"하지만 그런 로봇이나 기계는 아직 걸음마 수준이에요. 일본의 카페 등에서 활용되고 있는 로봇은 일본 소프트뱅크가 개발한 '페퍼'예요. 페퍼만 해도 간단한 손님 응대나 대화는 가능하지만 아직까지 인간이 하는 다양한 작업은 불가능하다고 합니다."

"아니, 카페에서 손님 응대를 잘하면 됐지 얼마나 다양한 작업을 해야 하나요?"

수연이 딴죽을 걸었다. 그래도 민지는 차분히 이야기를 이어 나갔다.

"카페 점원이 손님 응대만 하나요? 카페 점원은 카페 청소도 하고 테이블 정리도 하고 재고 정리도 해요. 인간은 이런 많은 일을 동시에 수행할 수 있죠. 그러나 현재의 기술로는 인공 지능 로봇이 이러한 일들을 동시에 수행하기 어렵답니다. 게다가 페퍼는 주문을 받고 음료를 나르고 계산을 하는 손님 응대도 완벽하지 않아요."

"현재의 기술만 보았을 때에는 로봇 기술이 생각보다 더디게 발전한다고 느껴질 수도 있어요. 그런데 인공 지능 기술이 갑자기 발전한 걸 보면 로봇 기술도 곧 그렇게 될 수 있지 않을까요?"

수연은 질문을 거듭하면서 압박했다.

"인공 지능 기술이 급격히 발전한 배경에는 빅 데이터의 역할이 컸어요. 로봇 기술에도 그런 요인이 있는지는 모르겠네요."

민지의 대답에 수연이 반론을 이어 갔다.

"로봇 기술은 그렇다 쳐도, 비전문직의 인공 지능 대체가 그리 어렵고 멀기만 할까요? 버스나 택시 기사만 생각해 보아도 알 수 있어요. 2019년 통계청 자료를 보니, 우리나라 운수업 종사자가 115만 명에 이른다고 해요. 자율 주행차가 일반화되면 이 많은 사람들이 직장을 잃게 될 거예요."

"운전사는 그럴 수 있을지도 모르겠지만 미용사처럼 정밀한 작업을 요구하는 서비스업은 어떨까요? 생산직처럼 단순 작업은 쉽게 대체될지도 모르지만 서비스업은 다르다고 생각해요. 여기에는 아주 중요한 차이가 있어요."

중요한 차이라는 말에 수연과 가을은 민지 쪽을 향해 귀를 쫑긋했다. 잠깐 뜸을 들인 민지가 다시 이야기를 시작했다.

"바로 물리적 조작이 요구되는 작업이 많다는 거예요. 이런 작업은 생각보다 로봇으로 대체하기 어렵답니다. 한 가지 예를 들자면, 2010년에 빨래를 개는 로봇을 시험해 보니 수건 한 장을 접는 데 19분이 걸렸다고 해요. 2012년에 좀 나아졌지만, 여전히 티셔츠 한 장을 개는 데 6분 이상 걸렸어요. 이래도 로봇이 인간의 일을 쉽게 대체할 거라고 생각하나요?"

"그건······."

민지가 차분하게 근거를 대자 수연이 할 말을 찾지 못했다.

"어떤 물건을 붙잡으려면 어깨와 팔꿈치, 손목 등의 근육이 순식간에 움직이고 물건의 위치와 몸과의 거리 등을 파악하기 위해 눈도 빠르게 움직여야 해요. 그러나 현재의 로봇 기술로는 이를 쉽게 처리하지 못한다고 해요. 그래서 컴퓨터 과학자 도널드 커누스는 '인공 지능은 생각이 필요한 영역에서는 이미 인간을 넘어섰지만, 인간이 생각하지 않고도 할 수 있는 영역에선 아직 멀었다.'라고 말하기도 했어요."

이야기를 쭉 듣고 있던 가을이 머뭇거리는 수연을 도왔다.

"이미 공장에선 로봇이 광범위하게 사용되고 있는데, 상대편에서 너무 좁은 범위에서만 예를 드는 것 같아요. 저는 다른 예를 들어 볼게요. 리씽크 로보틱스가 제작한 '소이어'라는 인공 지능 산업 로봇이 있어요. 이 로봇은 가격도 저렴하고 인간이 로봇 팔을 몇 번 움직여 로봇이 작업할 동작과 순서를 알려 주면 그대로 작업해요. 로봇을 다룰 엔지니어가 필요 없고, 노동자들이 쉽게 로봇을 제어할 수 있어요. 그래서 생산 현장에서 바로 사용할 수 있죠. 소이어를 보면 로봇 기술이 꽤 발달한 듯한데요."

민지가 가을을 쳐다보며 반론을 시작했다.

"저희도 이미 사람이 필요 없는 무인 공장이 점점 늘어나고 있다는 점은 인정했어요. 저희는 제조업에 투입된 로봇이 없다고 말하는 게 아니에요. 제조업의 로봇 기술이 아무리 발전한다 해도, 그 로봇을 바로 서비스업에 적용할 수는 없을 거라는 생각이에요."

민지의 의견에 수연은 질문을 퍼부었다.

"오늘 공장에서 일하던 사람이 내일은 카페에서 일하지 말란 법 있나요? 공장에서 일하던 인공 지능 로봇도 카페에서 다시 가르쳐 일을 시키면 되지 않을까요? 안 그래요?"

"사람은 당연히 공장에서 작업하던 노동자가 직장을 옮겨 카페에서 일할 수도 있어요. 그런데 페퍼처럼 현재의 인공 지능은 광범위하게 이용할 수 있는 인공 지능이 아니라서 복잡한 업무를 처리하기 어렵다고 해요."

민지와 수연이 한 치의 물러섬 없이 공방을 이어 갔다.

"왜 어렵다는 거죠? 공장에서도 복잡한 일을 무리 없이 하는데 말이에요."

"공장의 복잡함과 카페의 복잡함은 성격이 다르기 때문이에요. 공장에선 아무리 복잡해도 정해진 순서대로 일을 처리해요. 수백 개의 톱니바퀴로 구성되어 매우 복잡한 시계를 만든다고 해도 정해진 순서대로 조립하면 돼요. 과정이 많아서 그렇지 규칙이 있어요. 하지만 카페는 어떤가요? 손님들은 취향이 달라서 요구하는 서비스가 모두 다르지요. 상황과 사람과 요구에 따라서 다른 반응과 응대가 필요해요."

지환이 민지의 의견에 덧붙였다.

"이런 부분에서는 로봇 기술이 한계가 있기 때문에 로봇이 일자리를 전부 대체하긴 어려워요. 인간의 일은 생각보다 다양하고 복잡해요. 로봇으로 자동화할 수 있는 작업도 있고 어려운 작업도 있어요. 한 직업의 여러 작업 중에서 부분적으로 자동화할 수는 있지만, 어떤 직업 전체를 자동화하긴 어렵다고 생각해요."

지환이 설명을 끝내자 가을이 바로 반론했다.

"그런데 그런 예측은 현재 기술 수준에서만 판단한 건 아닐까요? 수십 년 안에 기술이 빠르게 발전한다면 어떻게 될까요? 그렇게 되면 공장이든 식당이든 거의 모든 곳에서 로봇과 인공 지능이 인간의 일을 대체할지도 몰라요. 말馬이 더 이상 운송 수단으로 쓰이지 않는 것처럼, 언젠가는 사람의 노동력이 전혀 필요 없는 날이 올지 몰라요."

다시 민지가 나섰다.

"사람이 일할 수 있는 자리가 모두 사라진다는 건 너무 극단적인 것 같아요. 그렇게 되면 일자리 대책이 반드시 필요할 것 같군요."

여기까지 이야기를 나누었을 때 선생님이 정리를 해 주었다.

"자, 좋습니다. 지금까지 전체 노동자의 70퍼센트 이상이 종사하는 서비스 산업을 중심에 놓고 일자리 문제를 논의했는데요. 인공 지능이 더욱 발전할 미래 사회에서도 서비스 산업은 여전히 중요할 수밖에 없겠죠? 그런 점에서 지금 토론은 의미가 크다고 생각해요. 이제는 인공 지능이 발달하더라도 살아남을 일자리들에 대해서 토론해 볼까요."

인공 지능과 미래의 일자리

"어떤 직업들이 살아남을 수 있을지에 대해서 토론을 시작하도록 하겠습니다. 누가 먼저 할래요?"

사회자 선생님이 기침 소리를 내면서 다시 말문을 열었다. 가을이 손을 번쩍 들자 사회자가 가을에게 발언권을 주었다.

"인공 지능은 수많은 일자리를 위협할 거예요. 저희가 조사해 보니, 2017년 중국의 인공 지능 로봇이 의사 자격증 시험에 합격했다고 해요. 합격선인 360점을 넘어 456점이나 받았지요. IBM이 개발한 인공 지능 닥터 왓슨은 이미 의료 분야에서 활약하고 있어요. 여러 암 진단에서 90퍼센트 이상의 정확도를 보이고 있어요."

가을의 말이 끝나자 수연이 거들었다.

"닥터 왓슨은 미국 MD 앤더슨 암 센터를 비롯해서 국내에서도 가천대 길병원, 부산대병원 등에서 활용하고 있어요. 환자 보고서와 최신 의학 저널 등에 기초해 몇 분 만에 암을 진단한다고 해요."

수연의 발언이 끝나기 무섭게 지환이 반론을 펴기 시작했다.

"잘 들었습니다. 저희도 닥터 왓슨 얘기로 시작해 볼게요. 의사가 본인의 전문 분야에서 새롭게 발표되는 논문을 전부 읽으려면 일주일에 160시간이 필요하다고 합니다. 그런데 일주일은 168시간밖에 안 돼요. 논문을 다 읽다가는 다른 일을 아예 못 하죠.

다시 말해, 질병을 진단하고 치료하는 데 필요한 최신 정보를 모두 습득하기란 현실적으로 불가능하다는 거예요. 따라서 의료 분야에서 의사 대신 인공 지능을 활용하는 범위는 방대한 정보를 바탕으로 환자에게 적합한 치료법을 제시하는 거죠."

"그럼 의사는 필요 없는 거 아닌가요? 저희 팀이 주장하는 대로 인공 지능이 의사라는 전문직까지 대체하게 되는 셈이네요."

수연이 상대방의 동의를 구했지만 지환은 수긍하지 않았다. 지환이 상

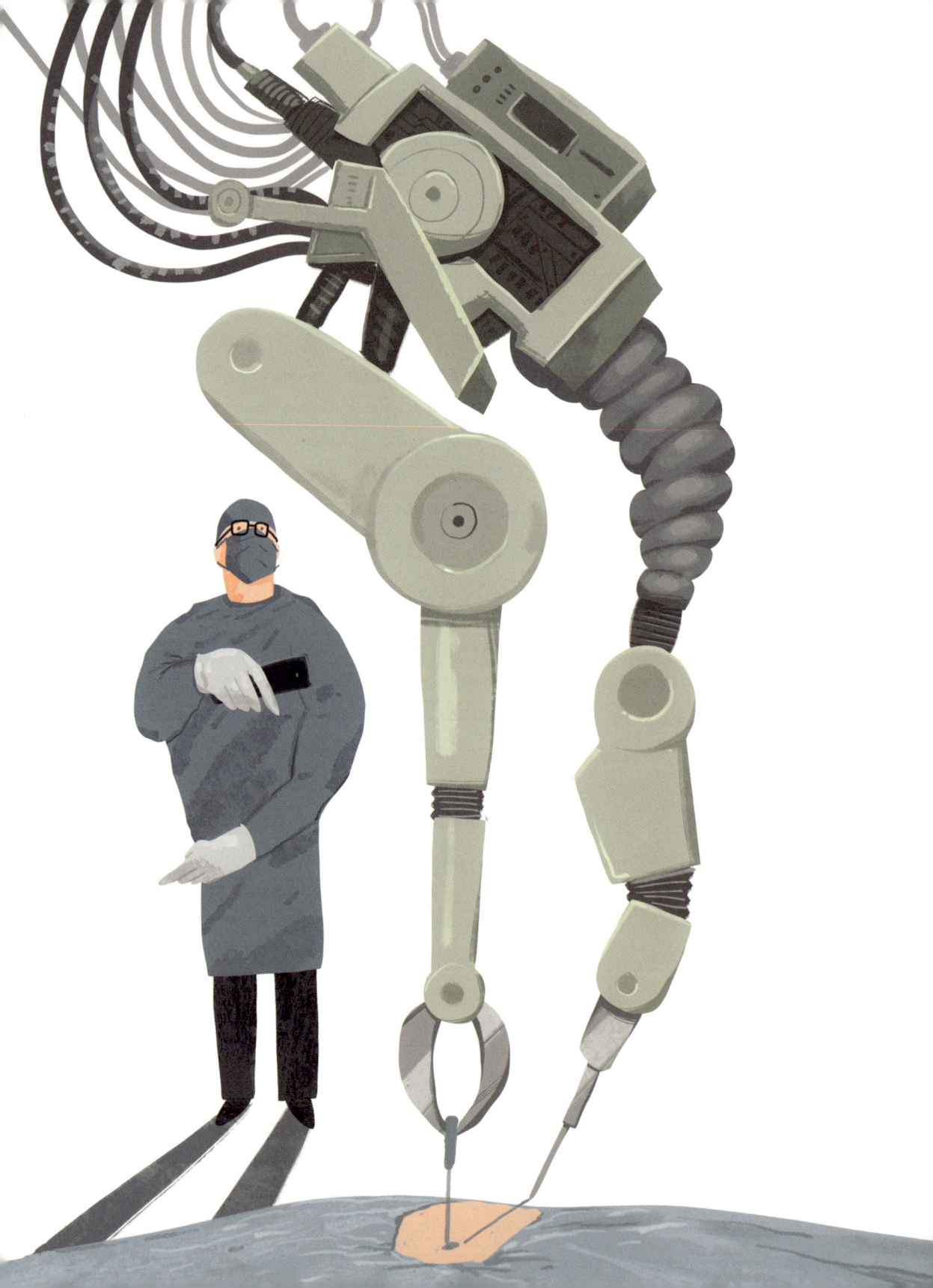

대편이 제시한 '닥터 왓슨' 이야기를 가지고 역으로 반론을 펼쳤다.

"과연 그럴까요? 왓슨을 활용하는 병원들 가운데 왓슨에게 모든 진료를 맡기는 곳이 있나요?"

"아직까지 그런 병원은 없는 걸로 알고 있습니다."

가을이 '무슨 꿍꿍이지?' 하는 눈빛으로 대답했다.

"맞아요, 왓슨에게 환자의 질환을 판정해서 치료법을 결정하는 권한을 주진 않아요. 왓슨이 전문의보다 뛰어나게 된다 해도 의사를 대신할 순 없을 거예요. 법적으로 문제가 되기 때문이에요. 현재까지는 의료 행위는 의사만 할 수 있도록 법으로 정해져 있어요. 최종 결정은

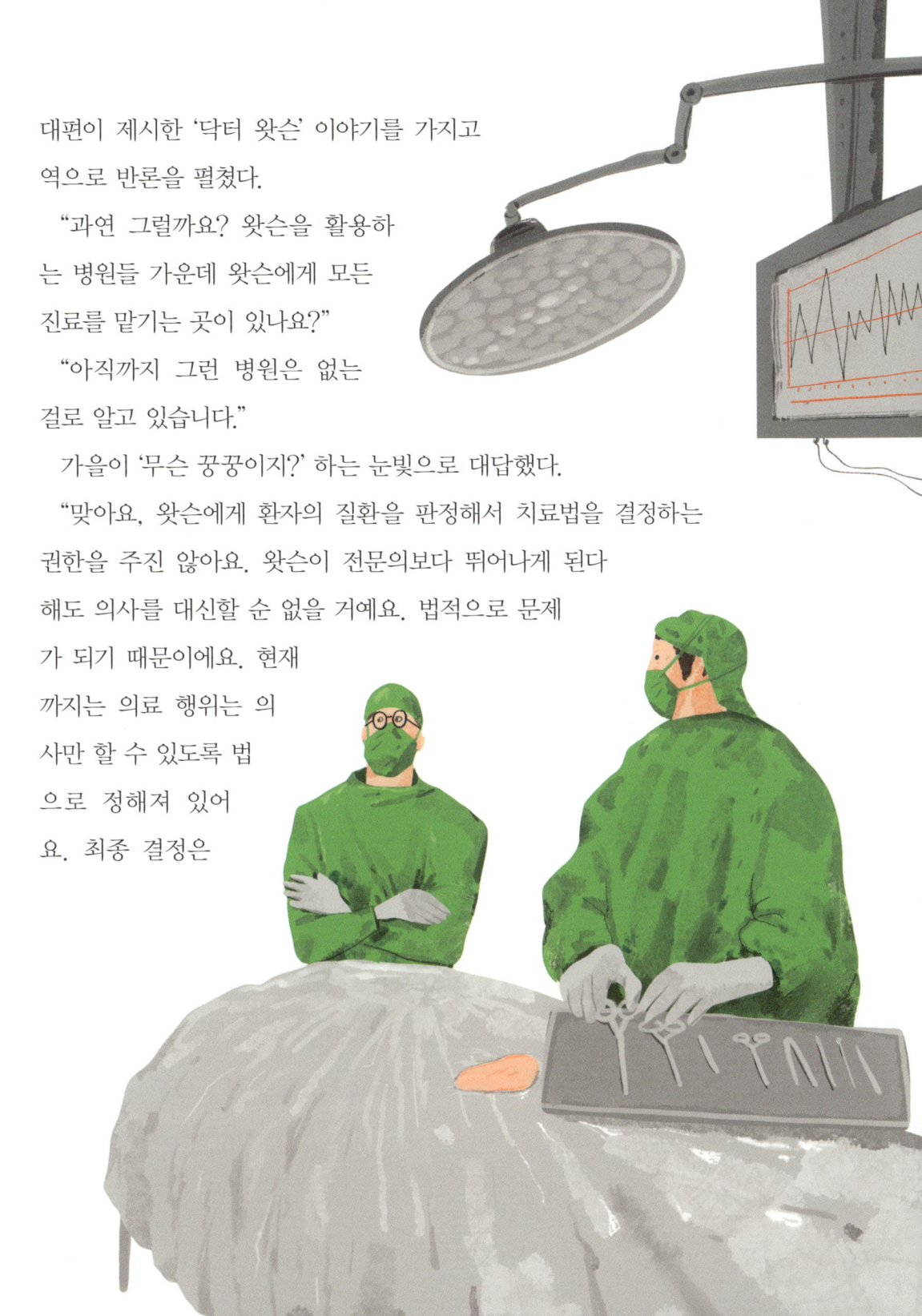

인간 의사가 해야 해요."

가을이 가볍게 반박했다.

"그건 법이 바뀌면 달라질 거예요."

"하지만 사람들의 생각이나 사회 분위기가 바뀌기 전까지 법은 바뀌지 않아요. 아직까지 인공 지능은 인간 의사 없이 혼자서 진료할 수 없는 분위기죠. 왜 그럴까요? 인공 지능을 믿지 못하기 때문이에요. 어떤 일을 전적으로 맡기려면 그에 따른 책임도 뒤따라야 하는데, 인공 지능에 책임을 묻기는 어렵죠.

또 의학 지식이나 데이터로 대신할 수 없는 일도 있어요. 의사와 환자가 소통하고 교감하는 일이나 기계가 할 수 없는 가치 판단 등이죠. 의사는 객관적 지식을 가지고 판단하는 문제 말고도 환자를 위해 무엇이 옳은지 등을 판단해야 할 때가 있거든요. 그런 점에서 미래에도 의사와 인공 지능은 함께 일할 수밖에 없어요."

지환의 이야기를 듣고 가을은 멈칫했다.

'아뿔싸! 저런 반론이 있었구나.'

이대로 물러설 수연 팀이 아니었다. 수연이 반론을 시작했다.

"의료 분야는 그렇다 쳐도, 다른 분야는 다르지 않을까요? 인공 지능 로봇은 육체노동뿐 아니라 지식 노동 분야에서도 인간과 경쟁할 거예요. 그에 따른 악영향은 공장 자동화에 따른 악영향보다 심각할지 몰라요. 순전히 머리로 하는 일들, 기억력과 계산력이 중요한 일들은 인공 지능으로 대체될 거예요. 변호사, 회계사, 변리사 등이 그 예죠. 또 계산원, 운전기사 등도 대체될 겁니다. 일자리를 잃게 될 수많은 사람에 대한 대책이 필요한 이유예요."

지환이 수연에 맞섰다.

"인간의 능력을 훨씬 뛰어넘는 알파고 같은 인공 지능을 보고 있으면 그런 생각이 들 수 있어요. 말씀하신 분야는 정말 인공 지능으로 대체될지 모릅니다. 그러나 인간의 직업은 그 외에도 무궁무진해요. 많은 것이 대체되겠지만, 또 많은 것이 대체되지 않을 거예요.

새로운 가치를 창출하는 직업, 즉 창의성이 중요한 분야는 여전히 인간이 주도할 겁니다. 작가, 감독, 음악가, 디자이너 등이 그렇죠. 교사, 간호사, 보육 교사, 심리 상담사 등도 대체되기 어려워요. 이런 분야에선 인간의 감정을 이해하고 사람을 돕고 보살피는 게 우선인데 아직 인공 지능은 섬세한 감정 파악과 정교한 의사소통이 어렵기 때문이에요."

지환의 말이 끝나기 무섭게 민지가 거들었다.

"또, 법적 책임을 지거나 인간 생활의 중요한 기준을 결정하는 일들도 인간이 인공 지능에게 넘겨주지 않을 거예요. 언급하신 의사가 그렇고, 판사, 정치인, 성직자 등이 그렇죠."

수연은 반격의 실마리를 잡은 눈빛이었다.

"여러분의 의견에 동의하기 어렵네요. 이미 창작하는 인공 지능이 나왔기 때문이에요. 그림을 그리는 딥드림이 대표적이죠. 작곡, 글쓰기 등을 하는 인공 지능도 있고요. 또, 인공 지능의 소통 능력 또한 점점 발전하고 있어요. 인공 지능 비서가 대표적이에요. 마지막으로 판사, 정치인 등의 직업은 인공 지능이 못해서가 아니라 인간이 넘겨주지 않아서예요. 인공 지능이 이런 직업을 대체하려면 관련법이 제정돼야 하는데, 정치인이 그런 법을 만들지 않겠죠."

오랜만에 수연 팀의 반론이 상대 팀의 의견을 꼬집었다. 지환과 민지는 다시 반론할 자료를 재빨리 추렸다.

기본 소득은 긍정적인 대안일까?

"뾰족한 대책도 없는데 일자리가 사라질 거라고 위기를 과장해선 안 된다고 생각해요."

먼저 민지가 나섰다.

"과장이 아닙니다. 많은 사람이 일자리를 잃게 되면 사회가 큰 혼란을 맞이할 거라는 예측이 많으니까요. 그래서 대안도 속속 등장하고 있고요."

가을이 답변했다.

"음, 그런 미래가 올까요? 대안으로 떠오르는 얘기가 뭐예요?"

"오바마 전 미국 대통령이 기본 소득의 필요

성을 제기하면서 주목을 받은 일이 있어요. 기본 소득은 모든 사람에게 조건 없이 주는 소득이에요. 소득이나 재산을 심사하거나 노동을 요구하지 않고, 어디에 쓰든 상관없이 모든 사회 구성원에게 지급하는 것이 원칙이랍니다."

"어떻게 모든 사람에게 아무 대가 없이 소득을 줄 수 있죠? 너무 현실적이지 못한 것 같아요."

민지가 살짝 몰아붙이듯 말했다. 하지만 가을의 목소리는 차분했다.

"코로나19가 확산되면서 전 세계적으로 큰 위기를 맞았습니다. 선진국들은 일자리를 잃거나 수입이 줄어든 사람들에게 현금을 지원했어요. 우리나라도 재난 기본 소득을 몇 차례 지급했지요. 이런 경험을 거치면서 기본 소득에 대한 인식도 상당히 바뀌었습니다. 가령 미국에선 기본 소득 찬성 비율이 2019년 43퍼센트에서 2020년 55퍼센트로 높아졌어요. 18~49세에서는 무려 69퍼센트에 달했고요."

그때, 지환이 끼어들었다.

"기본 소득을 보장하면 사람들이 일을 안 하려고 하지 않을까요?"

수연이 바로 준비한 자료를 읽으며 방어막을 쳤다.

"자료를 찾아보니까, 2008년부터 2009년까지 아프리카 나미비아의 한 지역에서 주민 930명에게 월 100나미비아달러약 1만 5천 원를 조건 없이 지급했어요. 바로 기본 소득이죠. 그런데 실업률이 늘어나기는커녕 1년 사이 15퍼센트포인트나 떨어졌어요. 이 자료를 보면 기본 소득은 근로 의욕을 떨어뜨리기보다 높인다는 사실을 확인할 수 있죠."

가을이 수연을 도왔다.

"근로 의욕에 대해선 크게 걱정하지 않아도 되죠. 미래에는 일을 안 하는 게 문제가 아니라 일하고 싶어도 할 수 없는 상황이 문제이기 때문이에요. 설사 기본 소득을 줘서 근로 의욕이 떨어지더라도 어차피 일자리가 없으니까 문제 될 게 없어요."

지환이 재차 반박에 나섰다.

"그런데 모든 사람에게 소득을 제공하려면 많은 돈이 필요할 텐데, 그 돈은 어디서 구하나요? 세금을 엄청나게 늘려야 하나요?"

지환의 질문에 수연이 응대했다.

"인공 지능이 원인이니까 필요한 돈도 인공 지능에서 구할 수 있을 거라고 해요. '로봇세'라는 게 있어요. 사람의 일자리를 대체한 로봇에 세금을 부과하는 거예요. 로봇에게 거둬들인 세금으로 로봇에게 일자리를 빼앗긴 사람들을 지원하자는 생각이에요."

지환의 목소리가 커졌다.

"로봇으로부터 세금을 거두자고 하면 로봇을 적극적으로 활용하는 산업에서는 반발이 클 것 같네요. 현실을 모르는 학자들의 주장 아닌가요?"

수연의 목소리는 차분함을 유지했다.

"그렇지 않아요. 마이크로소프트의 창업자 빌 게이츠는 '공장 노동자는 소득세, 사회 보험료를 낸다. 로봇이 노동자를 대체한다면 로봇에 인간과 비슷한 정도의 세금을 매겨야 할 것이다.'라고 말하기도 했어요. 페이스북의 마크 저커버그와 전기 자동차로 유명한 테슬라모터스의 엘론 머스크도 로봇세로 기본 소득을 도입하자고 주장한 적이 있고요."

민지가 수연의 근거에 반박했다.

"빌 게이츠나 마크 저커버그가 그런 주장을 하는 데는 다른 이유도 있지요. 마이크로소프트, 페이스북은 공장에서 물건을 만드는 제조업 회사가 아니에요. 컴퓨터 본체나 모니터 등은 공장에서 로봇으로 만들 수 있지만, 이들 기업이 판매하는 소프트웨어나 서비스는 공장이 아니라 사무

실에서 만들어요. 당연히 생산 과정에 로봇을 사용할 일도 없고요. 이들이 적극적으로 로봇세를 주장할 수 있는 이유예요."

지환도 함께 반론을 폈다.

"그런 대안이 실현될 만큼 일자리가 줄어들지 않을 거예요. 앞으로 인공 지능이 인간의 일을 많이 도우면서 사람들의 일은 줄고 여가 시간은 늘어날 거예요. 그러니 놀이, 레저, 관광은 더 활성화될 수밖에 없어요. 결국 그런 분야의 일자리는 늘어날 거예요."

수연이 끝까지 주장을 이어 갔다.

"일이 줄어들면 소득도 줄어들 텐데 남은 시간에 어떻게 놀이나 레저를 즐기죠? 결국 인공 지능 탓에 노동 시간이 줄어들면 그만큼 소득도 줄어들기 때문에 기본 소득이 필요할 수밖에 없어요."

그때 선생님이 시계를 보며 토론을 마무리 지었다.

"자, 좋아요. 오늘은 이 정도로 마무리할까요? 첫 번째 토론부터 아주 치열하게 잘해 줬어요. 다들 수고 많았고, 다음 시간에도 잘해 봅시다."

교문을 나서는 수연의 발걸음이 가벼웠다. 수연은 나름 뿌듯했다. 미리 토론 대회를 열심히 준비한 덕을 톡톡히 본 듯했다.

'더 열심히 준비해서 오늘처럼만 하자.'

수연은 그런 다짐을 하며 다음 토론을 생각했다.

그때 배 속에서 꼬르륵 소리가 났다. 너무 말을 많이 했

는지 허기가 밀려왔다. 갑자기 떡볶이 생각이 간절해졌다.
"일주일에 도대체 떡볶이를 몇 번이나 먹는 거니? 수연아, 떡볶이 좀 그만 먹어."
귓가에 엄마의 잔소리가 맴돌았다.
수연은 소매나 바지 자락에 떡볶이 국물을 묻히고 집에 들어가 혼난 적이 많았다. 매번 안 묻히고 먹어야지 하면서도 허겁지겁 먹다 보면 어쩔 수 없었다. 수연은 '오늘은 그냥 가자.'라고 생각하며 집으로 발걸음을 옮겼다. 집으로 향하는 발걸음이 빨라졌다.

함께 정리해 보기
인공 지능과 일자리를 둘러싼 쟁점

인공 지능은 일자리를 늘린다	논쟁이 되는 문제	인공 지능은 일자리를 줄인다
없어지는 일자리도 있지만 결국 인공 지능은 일자리를 늘릴 것이다.	인공 지능은 일자리를 없앨까?	인공 지능이 발전할수록 인간의 일자리는 대폭 줄어들 것이다.
직업의 특성상 인공 지능이 대체하기 쉽지 않다.	서비스업은 사라질까?	서비스업도 인공 지능의 공습으로부터 안전하지 않을 것이다.
인간과 인공 지능이 협업을 하게 될 경우가 더 많기 때문에 지금과는 다른 방향으로 일자리가 증가할 것이다.	인공 지능과 미래의 일자리	일자리는 줄어들지만 기본 소득 등 대안을 마련하면 비관적이지 않다.

3
인공 지능은 인류에게 축복일까, 재앙일까?

인공 지능의 미래는 늘 기대와 우려가 엇갈려. 한편에서는 인공 지능이 전환점이 되어 인류가 노동에서 벗어나 여가와 창조적 활동에 매진하게 될 거라고 희망적으로 이야기해. 반대편에서는 과학 기술을 독점한 소수가 다수를 지배하고, 심지어 인공 지능이 인류를 파괴할 거라고 비관적으로 걱정해. 이처럼 인공 지능에 대한 의견이 엇갈리는 건 인공 지능이 무한한 가능성과 위험성을 함께 지닌 탓이겠지. 한 가지 확실한 것은 인공 지능이 인간의 생활을 이전과는 완전히 다르게 바꿀 가능성이 크다는 점이야. 과연 인공 지능은 인류에게 기회일까, 위기일까?

인공 지능은 인류에게 축복이다

인공 지능의 미래는 낙관적이야. 우선 인공 지능은 의학, 교통, 생활 편의 등에서 큰 혜택을 줄 거야. 사람들은 더 건강하고 안전하고 안락하게 살 수 있게 되지. 더 오래 살 수도 있어. 일부에서는 경제적, 사회적 불평등이 인공 지능으로 더 악화될 거라며 인공 지능 기술을 공유화해야 한다고 주장하지만, 기술의 공유화는 기술을 개발할 의욕을 꺾고 사회의 발전 가능성을 떨어뜨릴 뿐이야. 대안은 공유화가 아니라 기술의 혜택에서 제외된 이들에게 적절한 서비스를 제공하는 거야. 그렇게 문제를 해결해 나가면서 인공 지능이 고도로 발전하게 된다면 인류는 노동에서 완전히 해방된 세상을 맞게 될 거야.

인공 지능은 인류에게 재앙이다

수연
가을

인공 지능의 미래는 비관적이야. 인공 지능이 사회를 풍요롭게 할 수 있지만, 풍요의 결실이 고르게 분배되지 않을 가능성이 높거든. 인공 지능의 혜택은 기업이나 부유층 등 일부에게만 집중될 거야. 대부분의 사람은 일자리를 잃고 극심한 불평등과 양극화가 사회를 뒤덮겠지. 따라서 불평등과 양극화를 해소하려면 인공 지능 기술의 공유화가 절실해. 공유화는 사회가 기술 개발에 이바지한 몫을 정당하게 돌려받는 방법이야. 사회의 도움 없이 혼자 힘으로 기술을 개발하는 게 아니니까. 인공 지능의 부작용을 대비하지 않은 상태에서 강한 인공 지능이 등장한다면 인류는 멸망할지 몰라.

두 번째 토론, 인공 지능이 주는 기회와 위기

"하하. 진짜? 그런 일이 있었어?"

"진짜라니까. 걔가 정말 그랬어. 저번에는 말이야……."

수연과 가을이 신나게 떠들고 있는데 엄마가 방문을 빼꼼히 열고 간식을 들이밀었다. 엄마가 살짝 수연을 째려봤다.

"아, 잠깐 잡담했어요. 정말이에요."

수연은 억울해 죽겠다는 표정을 지었다. 여태 머리 싸매고 토론 준비를 하다 머리 좀 식히려고 잠시 이야기하는데, 공교롭게도 그 순간에 엄마가 나타났던 것이다. 엄마가 문을 닫자 수연은 하소연을 시작했다.

"꼭 이렇다니까. 열심히 공부하다 잠깐 침대에 누우면 엄마가 들어와. 귀신 같아, 정말."

"나도 그래. 공부하다 잠깐 머리나 식힐 겸

게임 딱 한 판만 하려고 컴퓨터를 켜면 어떻게 알고는 방문을 여시지."
"너도 그래?"
"하루는 너무 신기해서 방 구석구석을 뒤졌다니까. 몰래 CCTV를 설치한 건 아닌가 하고."
수연과 가을은 간식을 먹으며 잠시 이야기를 나누고선 다시 토론 준비에 열중했다.

"자, 여러분 자리에 앉으세요. 토론 준비는 잘해 왔죠?"

두 번째 토론 시간이 시작되었다.

"오늘은 인공 지능 기술이 가져올 미래에 대해서 토론할게요. 두 부분으로 나눠 전반부에선 가까운 미래에 인공 지능이 바꿀 생활상을 토론하기로 하고, 후반부에선 먼 미래에 고도의 인공 지능이 바꿀 미래상을 토론하기로 해요."

민지가 발표하기 위해서 손을 들었다.

"인공 지능은 산업의 생산성을 끌어올리고 의학, 교통, 생활 편의 등에서 여러 혜택을 줄 거예요. 저희 팀은 앞선 토론에서 인공 지능이 일자리는 늘리고 노동 시간은 줄일 거라고 말씀드렸어요. 더 나아가서 인간이 노동으로부터 해방되는 미래도 가능해요."

민지가 말을 마치자 수연이 잠긴 목을 풀며 말을 시작했다.

"큼큼. 저희는 다른 입장입니다. 인공 지능이 주는 혜택을 모든 사람이 누릴 수 있는 건 아니에요. 일자리가 줄어들어 노동에서 해방되는 게 아니라 일할 자격을 빼앗기게 될 겁니다. 그럼 경제적으로 더욱 양극화될 거예요."

"각 팀의 입장 잘 들었고요. 이제 좀 더 구체적인 근거를 들어 보도록 할까요?"

선생님의 진행에 따라 이번엔 지환이 이야기를 시작했다.

"먼저, 인공 지능 기술은 일차적으로 산업의 생산성을 높일 거예요. 쉽게 말해 같은 비용을 들여 더 많은 제품을 만들어 내는 거예요. 100원짜리 제품을 30원에 생산하다 20원에 생산하게 되면, 원가를 절감한 10원만큼 생산성이 높아졌다고 말할 수 있어요. 사람이 로봇 팔을 이리저리 움직여 작업 순서를 입력시키는 '소이어'를 예로 들어 볼게요. 소이어의 가격은 3만 달러가 안 되는데, 수명은 6,500시간이라고 해요. 시간당 임금으로 계산하면 5,000원도 안 되죠. 2021년 최저 임금이 시간당 8,720원이니까 소이어가 사람 노동자보다 인건비가 더 적게 든다고 할 수 있어요."

"결국 생산성을 높인다는 건 작업장에서 사람을 내쫓는 거네요."

가을이 지적하자 지환이 즉각 반론을 내놓았다.

"그렇게도 생각할 수 있지만, 인간과 로봇이 협력하는 것으로 이해할 수도 있죠. 기업은 생산성이 올라가는 만큼 물건값을 낮출 수 있어요. 소비자들은 필요한 것들을 지금보다 더 저렴하게 살 수 있게 돼요. 새로운 기술이 등장할 때마다 사람들은 기계가 인간을 몰아낼 거라고 우려했어요. 그러나 결국 그런 일은 없었어요. 특히 산업 혁명의 경우를 보면 알 수 있어요."

지환의 반론을 되받은 건 수연이었다.

"산업 혁명 때 일어난 러다이트 운동에 대해서 생각해 볼 수 있겠네요. 러다이트 운동은 영국에서 일어났던 기계 파괴 운동이에요. 방적기, 직조기 등 기계가 보급되면서 옷감을 짜던 이들은 실업자나 공장 노동자가 될 수밖에 없었어요. 기계에 밀려났다고 생각한 사람들은 기계를 파괴하며 실업자가 증가하는 것에 항의했어요. 러다이트 운동을 보면 괜한 우려는 아닌 것 같은데요."

지환과 수연은 각각 근거를 대며 토론을 이어 갔다.

"저도 역사책에서 본 적 있는데, 기계의 실질적인 위협이 크지 않았기 때문에 러다이트 운동은 금방 끝난 걸로 알고 있어요. 아마 1811년부터 6년 동안 벌어졌죠? 인공 지능의 혜택은 생산성 향상 말고도 많아요. 인공 지능은 더 편리한 삶을 살 수 있도록 돕고 삶의 질을 향상시킬 거예요. 특히 의료, 교통 분야에서요."

"구체적으로 어떤 혜택들이 예상되는지 말씀해 주세요."

"의료 분야에서는 헬스 케어 서비스가 대표적이에요. 이미 우리 모두 강연에서 이야기를 들었지요. 환자의 몸 상태를 스스로 학습해 질병을 예방하고 조기 치료를 가능케 하죠. 인간 자체를 강화하는 '인간 강화 기술'도 있어요. '인간 강화 기술'의 1차 목표는 인공 팔, 인공 심장 등으로 인간 신체를 강화하는 것이에요. 2차 목표는 강화 과정을 거쳐 수명을 최대한 연장하는 거라고 해요."

"그런 혜택을 부정하진 않습니다. 다만 모두가 그런 혜택을 똑같이 누릴 수 있는 건 아니에요. 지금도 빈부 격차에 따라 의료 혜택의 차이가 크다고 하는데 앞으로는 더 심해질 거예요."

"의료 혜택은 그럴 수 있어요. 그러나 자율 주행 자동차의 혜택은 보다 많은 사람들이 받게 될 거예요. 한 해 교통사고 사망자 수를 보면, 2020년에 한국에서 교통사고로 3,079명이 사망했고, 전 세계에서 무려 150만 명이 사망했어요."

지환은 자료를 훑어보며 말했다.

"많은 사람이 교통사고로 죽는 건 인정해요. 그렇다고 자율 주행차가 등장하면 문제가 다 해결될까요?"

"자율 주행차는 졸음운전을 하거나 음주 운전을 하지 않아요. 당연히 신호 위반이나 과속도 하지 않아요. 교통 환경이 안전해지는 거죠. 인공지능으로 교통사고 사망자를 줄일 수 있다면 그것만으로도 엄청난 혜택 아닌가요? 덤으로 운전에 쓰는 시간도 아낄 수 있고요."

가을이 과감히 끼어들었다.

"그러나 아직 실험 단계 아닌가요? 상용화까지는 시간이 더 걸릴 듯한데요."

지환 대신 민지가 곧장 되받았다.

"구글의 자율 주행 자동차는 2018년 2월 기준으로 800만 킬로미터의 시범 운전을 마쳤어요. 지구를 200바퀴 돈 거리랍니다. 사람이 평생 운전해도 50만 킬로미터를 넘기 어려워요. 시범 운전 중 열여덟 번 교통사고가 발생했어요. 한 번의 사고를 제외하면 모두 다른 차의 과실이나 인간이 직접 핸들을 잡았을 때 발생한 사고라고 해요. 그만큼 뛰어난 주행 성능을 자랑해요."

가을이 민지에 맞섰다.

"설사 자율 주행차가 상용되더라도 엄청 비쌀 거예요. 그러니 혜택을 누릴 수 있는 계층도 제한적일 수밖에 없어요."

"과연 그럴까요? 컴퓨터가 처음 나왔을 때도 굉장히 비싸서 있는 집보다 없는 집이 훨씬 많았다고 들었어요. 지금은 많이 저렴해지면서 대중

화됐어요. 자율 주행차도 비슷하지 않을까요? 자율 주행차든 로봇이든 더 많은 사람이 이용할수록 가격은 떨어질 겁니다."

민지의 의견에 이번엔 수연이 반론했다.

"가격이 떨어진다고 누구나 이용할 수 있는 건 아니에요. 서비스를 이용하지 못하는 소외 계층이 발생하는 건 변함없어요."

"자율 주행차를 가지고 얘기를 해 보죠. 미래에 자율 주행차가 대세가 되면 자동차 소유에 대한 생각도 바뀔 거예요. 운전자 없이도 차가 알아서 이동할 수 있을 테니까 남편이 출근길에 이용한 차를 다른 곳에 있는 부인이 불러서 이용할 수도 있을 거예요. 차가 두 대 필요한 가정도 한 대만 있어도 되겠죠? 아니, 소유하지 않고 빌려 타는 게 일반화될지 모릅니다. 그렇게 되면 차를 구입할 큰돈이 없어도 자유롭게 차를 이용할 수 있지 않을까요?"

민지가 수연을 쳐다보며 묻자 수연이 바로 답변에 나섰다.

"빌려 타도 돈은 필요하니까 저는 마찬가지라고 생각해요. 돈과 정보를 많이 가진 사람들이 기술 변화의 혜택을 누리는 건 역사로 증명되었어요. 기술의 혜택을 가장 많이 받는 사람들은 언제나 부유한 사람들이었어요. 19세기 산업화 때도, 20세기 자동화 때도 기계를 사서 생산 활동을 할 수 있는 사람들이 더 부유해졌죠."

"음, 그건 꼭 인공 지능만의 문제는 아닌 것 같은데요?"

민지가 곧바로 반문했다.

"잘사는 사람은 더 잘살고 못사는 사람은 더욱 못살게 되는 양극화가 인공 지능만의 문제는 아니죠. 문제는 인공 지능이 양극화와 불평등을 더 부추길 거라는 점이에요. 개인의 경제적 능력에 따라 일부 계층이 혜택을 독차지하게 되면서 경제적 격차가 더 커질 거예요."

수연의 답변이 끝나자마자 민지가 다시 반론을 준비했다. 민지는 준비해 온 자료를 곁눈질하며 설명을 이어 갔다.

"기술의 혜택을 똑같이 누리지 못한다고 기술 발전을 부정적으로만 볼 순 없어요. 사람들은 지금까지 기술이 발전한 덕분에 더 오래, 건강하게 살 수 있게 됐어요. 1960년대 한국인의 평균 수명이 55세였대요. 오늘날 한국인의 평균 수명은 80세가 넘는다고 해요. 55년 전보다 무려 25년을 더 살게 됐어요. 이 모두가 기술 발전, 의학 발전, 경제 성장 덕분 아닐까요? 또, 기술 발전으로 인류는 가난과 굶주림에서 벗어날 수 있었어요. 농업 기술이 결정적이었죠. 물론 80세까지 못 사는 사람들도 많을 거고, 가난한 사람들도 여전히 있을 거예요. 모든 사람이 똑같이 살 순 없으니까요. 능력, 소득, 재산 등이 다른데 어떻게 모든 사람이 똑같이 살 수 있겠어요?"

가만히 듣고 있던 수연이 바로 되받았다.

"모두가 똑같아야 한다는 게 아니라 극단적으로 나뉘면 좋지 않다는 뜻이에요. 서울대 연구팀이 발표한 〈미래 도시 연구 보고서〉를 살펴보니 2090년의 한국은 극단적인 양극화 사회가 된다고 예측하더라고요. 거대 IT 기업의 소유주인 0.001퍼센트가 최상위층을 이루고, 그 밑에 연예인, 정치인 등이 0.002퍼센트를 형성한대요. 그다음은 인간보다 값싸고

효율적인 노동력을 제공하는 '인공 지능 로봇'이 위치하고, 나머지 시민들은 최하위 노동자 계급으로 로봇보다 못한 취급을 받는다고 예측했어요. 99.997퍼센트가 말이에요."

수연이 발언을 끝내자 사회자 선생님이 정리해 주었다.

"미래의 생활상은 인공 지능을 보는 관점에 따라 극명하게 갈리는군요. 인공 지능이 가져올 미래는 전적으로 기술에만 달린 문제가 아닐 거예요. 사회가 기술을 놓고 어떻게 의견을 모으느냐에 따라서 미래의 모습은 달라질 수 있어요. 방금 토론한 내용이 인공 지능의 결실을 어떻게 나눌 것인가에 대한 사회적 논의의 한 예라고 할 수 있죠. 미래 생활상에 대한 토론은 여기까지 하기로 해요."

기술의 공유화가 가능할까?

"다음으로 달라질 미래를 어떻게 대비할지 논의해 보도록 할까요?"

사회자 선생님의 진행에 따라 가을이 먼저 발표했다.

"저희는 인공 지능 발달로 불평등이 심해진다고 의견을 모았기 때문에 대안에 대해서도 구체적으로 조사했어요. 그중에서 인공 지능 기술의 공유화가 필요하다는 의견에 동의합니다."

가을의 말이 끝나기 무섭게 민지가 화들짝 놀랐다.

"기술을 공유한다는 말인가요? 저번에도 이야기한 기본 소득과 비슷한 근거 같네요. 무조건 나누기만 하는 게 과연 좋은 해결책일까요? 게다가 기업에서 막대한 비용을 들여 개발한 기술을 공유하는 게 현실적으로 가능할까요? 어떤 기업이든 쉽게 받아들이지 않을 거예요."

이번엔 지환이 나섰다.

"공유화는 심각한 문제를 몰고 올 겁니다."

"어떤 문제요?"

"사람들이 열심히 일하지 않을 거예요. 기본 소득을 주고 기술을 공유하면 누가 힘들게 노력해서 기술을 개발하겠어요?"

수연이 준비해 온 메모지를 보면서 반론을 폈다.

"비록 소수이긴 하지만, 새로운 기술이나 물건을 발명하고도 특허권을 주장하지 않은 사람들이 있죠. 성냥, 재봉틀, 셀로판, 회전 나침반, 입자 가속기, 인터넷을 전 세계로 확장해 준 월드와이드웹www 등 20세기를 장식한 발명품들 중에는 특허를 받지 않은 것들이 꽤 있어요. 특허를 받지 않은 이유는, 발명가나 개발자가 기술에 대한 권리를 독점하지 않겠다는 것이죠."

수연이 지난번에 삼촌 집에 놀러 갔을 때 인공 지능 기술의 공유화에 대해서 조사한다고 하니까 삼촌이 보여 준 책에서 적어 온 내용이었다.

지환의 반론이 이어졌다.

"그런 사례가 있더라도 대부분은 그렇게 하지 않죠. 특허권을 주장하지 않고 기술을 공유한 경우가 얼마나 되겠어요? 전체 특허 가운데 0.01퍼센트도 안 될걸요. 극소수의 사례를 일반화해서 사회에 적용하는 건 위험하다고 생각해요."

수연은 물러서지 않고 주장을 이어 갔다.

"그 부분은 다시 생각해 볼 필요가 있습니다. 특히 인공 지능의 경우에는 더더욱 말이죠. 인공 지능 기술의 토대에 이미 공유화의 근거가 있으니까요."

"그게 무슨 말이죠?"

"최근 인공 지능 발전에 중요한 계기가 뭐였나요? 빅 데이터 아니었나요? 그런데 그 빅 데이터를 누가 만드나요? 사람들이 페이스북, 트위터, 유튜브 등에 올린 수많은 사진, 동영상이 빅 데이터를 이루잖아요. 이런 사진, 동영상 등이 인공 지능 발전에 중요한 바탕이 됐어요.

이렇게 사회의 모든 것들이 아주 촘촘하게 연결되어 있어요. 어떤 기술도 한 개인의 노력만으로 만들어지지 않아요. 그런 점에서 어떤 기술도 완벽히 독자적일 수 없어요. 여기에 공유화할 수 있는 근거가 있지 않을까요?"

"공유화가 현실적으로 가능할까요?"

간만에 민지가 질문을 던졌다. 민지는 이해하지 못하겠다는 듯 고개를 갸웃거렸다.

"가능할 거라고 생각해요. 혹시 오픈 소스라고 들어 봤나요? 오픈 소스는 소프트웨어 제작자의 권리를 지키면서도 소프트웨어의 핵심 기술인 소스 코드를 누구나 보고 수정할 수 있도록 공개하는 거예요. 소스 코드는 소프트웨어의 설계도에 해당하는 핵심 기술입니다."

"좀 더 구체적인 설명을 해 주세요."

민지의 요청에 가을이 보충 설명을 했다.

"예를 들어 볼게요. 컴퓨터 운영 체계인 윈도우를 봅시다. 윈도우를 개발한 MS는 윈도우를 팔아 막대한 수익을 거두어요. MS는 윈도우의 소스 코드를 공개하지 않아요.

반면에 스마트폰 운영 체계인 안드로이드를 개발한 구글은 안드로이드의 소스 코드를 공개하죠. 덕분에 스마트폰 개발사는 어디든 공개된 안드로이드 소프트웨어를 공짜로 이용할 수 있어요. 다양한 개발자가 소프트웨어 개발에 참여하면서 소프트웨어가 더욱 개선될 수 있다고 해요.

이처럼 오픈 소스는 많은 사람이 소프트웨어의 수정과 보완에 자유롭게 참여해 완성도를 높일 수 있어요. 인공 지능과 관련된 오픈 소스도 있어요. 구글은 인공 지능 엔진 텐서플로를 오픈 소스로 공개해 누구나 소프트웨어의 개선과 보완에 참여할 수 있도록 했어요. 페이스북도 머신 러닝 개발 환경인 토치를 오픈 소스로 공개했어요."

"내가 개발한 것을 내가 소유할 수 없다고 단정 짓는 건 여전히 위험한 생각 같아요."

민지가 다소 냉소적인 반응을 보였다.

"기술 공유화가 기술을 완전히 개방해야 한다는 뜻은 아니에요. 지금

처럼 엄격한 특허권의 보호 아래 인공 지능 기술을 독점하지 말고, 기술을 개발할 수 있는 토대가 된 사회와 혜택을 함께 누리자는 거예요."

가을이 이야기를 마치자 민지가 또박또박 반론을 폈다.

"기본 소득이나 공유화 말고도 해결책은 있어요. 인공 지능에 접근하기 어려운 이들에게 정부가 적극적으로 홍보하고, 인공 지능을 통한 의료 서비스, 노인 생활 지원 서비스 등의 복지 서비스를 취약 계층에게 제공하는 방법 말이에요. 또한 기술에 접근하지 못하는 이들에게 양질의 교육을 국가에서 제공하는 거예요. 그래서 인공 지능의 혜택을 골고루 누리도록 해야 합니다."

그때 사회자 선생님이 나섰다.

"개인의 사유 재산은 헌법이 보장한 기본권의 대상이지만, 그렇다고 무한정 인정되지도 않아요. 세금 부과, 기업 활동 규제 등 일정한 제한이 있으니까요. 사유 재산의 한계를 두고 논쟁이 벌어지는 것처럼 기술의 공유화도 논쟁 거리예요. 어렵지만 중요한 문제라서 함께 이야기 나누어 보았어요."

강한 인공 지능이 등장할 먼 미래

"이제, 고도로 발전된 인공 지능이 만들 먼 미래 사회에 대해 토론해 볼까요?"

민지가 먼저 이야기를 시작했다.

"아주 먼 미래는 예측이 어렵기 때문에 상상의 힘을 빌려 생각해 보면 좋겠어요. 그래서 영화를 참고해 보았어요. 수명 연장을 목표로 하는 인간 강화 기술이 있다는 이야기를 앞에서 했어요. 애니메이션 〈공각기동대〉가 인간과 기계를 결합한 형태로 이를 보여 주지요. 주인공은 인간의 뇌에 기계의 몸을 하고 있죠."

가을이 아는 척을 했다.

"혹시 사이보그를 말하는 건가요?"

"맞아요. 사이보그는 신체의 일부를 기계 장치로 대체한 인간이에요. 인간은 인간인데, 기계 장치를 단 인간이지요. 사이보그는 신체의 물리적 제약을 극복한 사례지만, 불멸의 존재는 아니에요. 기술이 더 발전하면 아마도 영원불멸의 삶을 추구할 거예요. 영화 〈트랜센던스〉에서 주인공은 두뇌에 담긴 정보, 그러니까 기억, 감정, 의식 등을 컴퓨터에 업로드해 스스로 슈퍼컴퓨터가 됩니다. 지금은 영화적 상상력에 불과하지만 먼 미래에는 가능할지도 몰라요."

평소 SF 영화를 좋아하는 민지가 여러 영화를 사례로 제시했다. 이어서 지환이 보충 설명을 덧붙였다.

"인공 지능은 판단을 내릴 때 주저하지 않아요. 1년 내내 24시간 일해도 지치지도 아프지도 않죠. 당연히 효율성이 높을 수밖에 없어요. 결국 힘들고 지루한 노동에서 인류를 해방시켜 줄 거예요. 인간은 남는 시간

을 노동이 아닌 다른 곳에 쓰면서 창조적으로 발전할 거예요."

"노동 해방의 미래를 꿈꾸시는 듯한데, 해방이 아니라 추방이죠."

수연이 따지듯 물었다.

"노동으로부터 자유로워지는 게 왜 추방이죠?"

지환이 안경을 밀어 올리며 되물었다.

"노동에서 자유로워지는데 어떻게 먹고사나요? 일하지 않으면 수입도 없잖아요."

"그러니까 인간이 기계에 의해 완전히 대체되지 않도록 하려면 초기 단계부터 인공 지능이 인간을 대체하지 않고 보조하는 방향으로 기술을 개발해야 합니다."

지환이 말했다.

"기술이 우리가 바라는 방향으로만 발전할까요? 어떤 기술이든 좋은 점과 나쁜 점을 함께 지닐뿐더러 인간은 기술 발전의 부정적 결과를 완전히 통제하기 어려워요. 원자력 기술만 봐도, 전기를 생산하는 원자력 발전이나 질병을 치료하는 방사선 의학으로 발전하기도 했지만 수많은 사람을 죽일 수 있는 핵무기로도 발전했잖아요."

수연은 원자력 발전을 근거로 삼았다.

"우리의 선택에 따라 미래가 달라질 거예요."

"좋은 지적입니다. 그런데 우린 지금 어떤 선택을 준비하고 있죠? 낙관적 전망보다는 이러다 인간이 쓸모없는 존재로 전락하는 게 아니냐는 불안이 더 커요. 가장 큰 공포는 인공 지능이 인간을 공격하거나 지배하지 않을까 하는 거예요."

"너무 과장하는 거 아닌가요?"

그때, 가을이 영화를 거론하며 둘 사이의 논쟁에 재빨리 끼어들었다.

"영화 〈터미네이터〉에 나오는 인공 지능 스카이넷은 핵무기를 비롯한 모든 무기를 제어할 수 있게 만든 컴퓨터 네트워크예요. 영화에서 스카이넷은 인류를 적으로 여기고 핵전쟁을 일으킵니다."

지환이 여전히 물러서지 않았다.

"그런 건 영화에서나 일어나는 일이죠. 페이스북의 마크 저커버그는 인공 지능의 미래에 대해 '인공 지능이 인류의 종말을 초래할 것이라는 주장은 무책임하며 인공 지능은 우리의 삶을 더 좋게 만들 것.'이라고 자신했습니다."

지환의 이야기에 가을이 반문했다.

"영화 같은 일이라고요? 이미 살상 무기로 개발된 로봇이 있어요. 킬러 로봇, 살상 로봇, 전투 로봇 등으로 불리는 로봇이죠. 또 킬러 로봇과 인공 지능을 결합한 자율 살상 무기 시스템 Lethal Autonomous Weapons Systems, LAWS도 있고요. 복잡한 전투 상황에서 인간이 일일이 로봇을 조종하고 명령을 내리기 어렵기 때문에 앞으로 자율 살상 무기 시스템은 더욱 발전할 거예요."

"그런데 그런 기술들이 지금 당장 위험한가요? 아직 개발 단계 아닌가요?"

가만히 지켜보던 민지가 되물었다.

"미국, 중국, 러시아 등 10여 개국이 킬러 로봇 개발에 박차를 가하고 있다고 해요. 이미 실전 배치된 경우도 있고요."

이번엔 수연이 받아쳤다. 민지가 수연을 향해 반문했다.

"그러나 그런 무기들은 아직 인간이 통제하고 관리할 수 있잖아요?"

"인간이 조종하는 로봇은 통제가 가능하지만, 자율 살상 무기 시스템이 고도로 진화하면 통제가 불가능할지 몰라요."

수연이 힘주어 말했다.

예측하기 어려운 강한 인공 지능

가을이 열띤 분위기를 진정시키려는 듯 다소 차분한 목소리로 말했다.

"어떤 기술이든 양면성이 있어요. 그런데 인공 지능의 양면성은 더 끔찍할 수 있어요. 강한 인공 지능이 등장한다면 인류는 어떻게 될까요? 강한 인공 지능의 능력이 어디까지인지 잠깐 설명할게요.

지금의 인공 지능은 '암을 진단하라.', '문장을 듣고 번역하라.'처럼 특정 영역의 문제를 푸는 인공 지능이에요. 이를 약한 인공 지능이라 부르죠. 반면 강한 인공 지능은 특정 분야에 한정되지 않고 인간이 하는 것처럼 여러 분야를 아울러 능력을 발휘하는 인공 지능이에요. 강한 인공 지능은 스스로 생각하며 행동하기도 해요. 인간처럼 자의식도 지니고요. 인류는 강한 인공 지능에 대한 대비가 돼 있을까요?"

가을의 말이 끝나자 수연이 보충 설명을 덧붙였다.

"보충하면 약한 인공 지능, 강한 인공 지능, 초지능으로 나누기도 해요. 초지능은 인공 지능이 지능 대폭발intelligence explosion을 거쳐 신의 경지에 이른 단계입니다. 이후 논의에선 초지능을 별도로 구분하지 않고 강한 인공 지능에 포함시키도록 할게요."

수연의 발언을 듣고 있던 민지가 즉각 이견을 제시했다.

"약한 인공 지능도 아직 초보 단계라서 강한 인공 지능은 아주 먼 미래에나 가능하거나 아예 불가능할 수도 있어요."

수연은 다시 근거를 댔다.

"가까운 미래에 강한 인공 지능이 실현될지는 의견이 갈리는 걸로 알고 있어요. 다만, 강한 인공 지능이 언젠가 등장한다는 건 많은 전문가가 동의하는 걸로 알고 있습니다. 우리는 여러 시나리오를 바탕으로 미래를 준비해야 하지 않을까요?"

"미래를 준비하지 말자는 게 아니라, 실현 가능한 범위에서 미래를 준비하면 된다는 거예요."

지환이 받아치자 수연의 목소리가 점점 커졌다.

"2017년에 '초지능은 과학인가, 공상인가?'라는 행사가 열렸어요. 앞서 언급한 것처럼 초지능은 강한 인공 지능으로 이해하면 되는데, 행사에 초대된 인사들 대부분이 초지능의 등장을 부정하지 않았다고 해요."

"인공 지능이 엄청난 속도로 발전할 것처럼 말하는데, 그런 일이 가능할까요? 어떤 분야에선 인공 지능이 눈부시게 발전하고 있지만 다른 분야에선 그렇지 않다는 점을 분명히 알 필요가 있어요."

"왜 그렇게 생각하죠? 그렇게 생각하는 이유가 뭔가요?"

수연의 목소리가 격앙되어 있었다.

"첫째로 약한 인공 지능이 아무리 발전해도 인간을 넘어서는 인공 지능이 될 가능성이 없기 때문이에요. 인간 지능을 넘어서는 지능을 만들려면 아주 많은 돈과 노력이 필요해요. 그런데 그 성과는 보장이 안 되니까 기업 투자가 어려울 거예요."

지환이 차분하게 대답을 마쳤다.

"지금도 수많은 기업이 인공 지능에 투자하고 있지 않나요? 2019년 기준으로 인공 지능 투자를 살펴보죠. 미국의 경우 민간 투자만 72조 원에 달했고, 중국은 민간 투자 16조 원, 정부 투자 25조 원이었어요. 이미 엄청난 투자가 이루어지고 있어요."

흥분한 수연 대신 가을이 반론했다. 지환이 가을에 맞섰다.

"그렇긴 하지만, 그것이 인공 지능의 모든 분야를 아우를 순 없어요. 인공 지능은 아직까지 투자 성공 사례가 많지 않으니까, 다른 분야를 예로 들게요. 저희 아빠한테 들은 얘긴데요. 아, 저희 아빠는 제약 회사에서 신약을 개발하는 연구원으로 일하고 있어요. 신약 개발에 투자되는 비용의 90퍼센트가 전체 질병의 10퍼센트에 집중된다고 합니다. 10퍼센트의 특정 질병은 선진국에서 주로 발생하는 질병이에요. 나머지 90퍼센트인 결핵, 말라리아 등 가난한 나라에서 많이 발생하는 질병은 신약 개발에서 철저히 제외된답니다. 이처럼 기업은 투자할 가치가 있다고 판단하는 분야에만 투자한다고 볼 수 있어요. 인공 지능도 마찬가지겠죠."

지환의 말에 가을이 다시 반박했다.

"그렇다 해도 강한 인공 지능을 대비하지 않아도 될까요? 위험이 예상된다면 가능성이 낮더라도 당연히 대비해야죠. 또한 지금은 투자 분야가 제한적이라 해도 나중엔 확대될 수 있어요. 신문 기사를 검색하다 찾았는데, 인공 지능 시장이 10년 내 600조 원 규모로 엄청나게 성장할 거라고 해요. 이렇게 투자 액수가 늘어나다 보면 광범위한 분야로 투자가 확대되지 않을까요?"

지환은 물러서지 않았다.

"그렇게 해서 강한 인공 지능이 출현한다고 해도 강한 인공 지능이 꼭 지구를 정복할 이유는 없지 않을까요?"

이번에는 수연이 응대했다.

"지구를 정복할 생각은 없어도 인간을 없앨 생각은 할 수 있어요. 옥스퍼드 대학에서 강한 인공 지능이 출현할 수 있는 여러 시나리오를 바탕으로 시뮬레이션을 해 보니 결과가 똑같았어요. 시간 차이는 있지만 하나같이 결론은 인류 멸망이었어요."

지환이 안경을 밀어 올리며 반문했다.

"왜 자꾸 인류가 멸망하는 쪽으로만 상상하는 거죠? 인공 지능이 특별히 폭력성을 지니는 것도 아닐 텐데요."

가을이 지환의 물음에 답했다.

"오늘날 인류는 지나친 개발과 소비로 지구 환경을 파괴하고 있잖아요. 가까운 예로 지구 온난화는 매우 심각한 수준에 이르렀어요. 인공 지능이 인간은 지구 생태계에 유해하다고 판단할지 모르지요."

수연이 설명을 덧붙였다.

"인간이 있어서 지구가 더 좋아지는 게 아니라 인간이 있어서 지구가 더 나빠진다고 생각할지도 몰라요. 그렇다면 강한 인공 지능은 어떤 결론을 내릴까요? 지구에서 인간을 제거하는 게 낫다고 결론 내지 않을까요?"

"자, 수연이 얘기로 토론을 마무리할게요. 오늘도 좋은 이야기들이 많이 나왔어요. 여러분 얘기를 들으면서 한 가지가 분명해지더군요. 제도적 정비든, 기술적 대응이든, 의식의 전환이든, 인공 지능이 바꿀 미래를 대비하려면 무언가를 해야 한다는 사실이죠. 다들 수고 많았고, 오늘은 이것으로 끝!"

마무리 발언을 하는 선생님의 얼굴에 미소가 번졌다. 누가 시키지 않아도 다들 열심히 준비하고 토론에 참여하는 학생들이 기특해서였다.

수연은 오늘 토론은 우열을 가리기 힘들 정도로 팽팽했다고 느꼈다. 다음번 주제는 '인공 지능의 마음과 권리'다. 알쏭달쏭한 내 마음도 잘 모르겠는데 인공 지능의 마음이라……. 수연의 머릿속은 이미 다음 토론에 대한 생각으로 가득했다.

함께 정리해 보기
인공 지능이 불러올 미래에 대한 쟁점

인공 지능은 축복이다 | **논쟁이 되는 문제** | **인공 지능은 재앙이다**

인공 지능은 축복이다	논쟁이 되는 문제	인공 지능은 재앙이다
의학, 교통, 생활 편의 등에서 혜택이 늘어날 것이다.	인공 지능은 사회를 어떻게 바꿀까?	불평등과 양극화가 더욱 심화될 것이다.
사유 재산을 부정하는 공유화는 비효율적이고 불필요하다.	인공 지능 기술을 공유화해야 할까?	양극화와 기술 소외를 해소하려면 공유화가 필요하다.
고된 노동에서 인간을 해방하는 유토피아가 될 것이다.	인공 지능이 가져다줄 먼 미래의 모습은?	인류를 파괴하는 디스토피아가 될지도 모른다.

4
인공 지능도 마음이 있을까, 없을까?

호모 사피엔스이성적 인간,
호모 파베르도구적 인간, 호모 폴리티쿠스정치적 인간 등
인간은 자신과 다른 동물을 구분하려고 인간의 특징을
여러 가지로 정의했어. 하지만 돌고래의 언어, 까마귀의 도구,
침팬지의 정치 행위 등이 속속 발견되면서 인간만이 가졌다고
한 특징들이 희미해졌어. 인간은 동물보다 뛰어난 지능을
내세우며 마지막 자존심을 지켜 왔지만 특정 영역에서
인간을 뛰어넘는 인공 지능이 잇따라 등장하고 있어.
앞으로 인공 지능은 인간의 능력을 넘어설지 몰라.
지능 말고 감성에서도 인간을 닮아 가게 될 거야.
인공 지능은 인간의 자리를 위협하게 될까?

인공 지능은 마음이 있을 수 없다

인공 지능은 개별 능력에서 인간을 뛰어넘을 수 있지. 그러나 특정 분야의 지능이 아무리 높아져도 인간처럼 사고한다고 말하기 어려워. 바둑을 잘 두는 알파고도 인간처럼 노래를 부르고 그림을 그리고 발명을 할 순 없지. 따라서 인공 지능이 인간처럼 사고하고 감정을 가질 순 없어. 마음이 없는 인공 지능이 권리를 갖는다는 건 어불성설이야. 중요한 건 인공 지능의 권리가 아니라 인공 지능 사용자의 권리지. 당연히 인공 지능을 인간과 동등하게 대우한다는 건 있을 수 없고, 그렇게 해서도 안 돼.

인공 지능도 마음이 있을 수 있다

수연

가을

인공 지능 기술이 더 발전하면 인공 지능은 인간처럼 생각하고 느끼게 될지 몰라. 그렇게 되면 인공 지능은 자의식을 갖게 될 거야. 자의식을 가진 존재는 당연히 자신의 권리를 요구하기 마련이야. 자의식을 갖춘 인공 지능은 마땅히 존중받아야 하고, 또 인간과 동등한 대우를 받아야 해. 설사 인간이 인공 지능의 권리를 인정하지 않는다 해도, 인공 지능은 자신의 권리를 요구할 거야. 그렇게 되면 인간과 인공 지능은 인공 지능의 권리를 둘러싸고 갈등할 수밖에 없어.

세 번째 토론, 인공 지능의 마음과 권리

사회자 선생님이 토론의 시작을 알리면서 오늘 다룰 주제에 대해 간략히 설명했다.

"오늘은 인공 지능의 마음, 권리, 인격권에 대해서 토론합시다. 사실, 오늘 주제는 여러분에게 좀 어려울지 몰라요. 윤리, 철학, 법률과 관련된 내용이 얽혀 있어서 어쩔 수 없는데요. 아는 데까지 최선을 다해서 토론해 보아요. 그럼 어느 쪽에서 먼저 발표할래요?"

가을이 손을 번쩍 들자 사회자 선생님이 가을에게 발언권을 줬다.

"기술이 더 발전하면 인공 지능도 마음을 가질 수 있다고 생각합니다. 즉, 인공 지능도 인간처럼 느끼고 생각할 수 있게 되는 거예요. 따라서 인공 지능도 마땅히 존중받아야 하고, 더 나아가 인간과 동등한 대우를 받아야 한다고 생각해요."

가을의 발표가 끝나자 지환이 차분하게 반론을 시작했다.

"저희는 인공 지능이 마음을 가질 수 없다고 생각합니다. 당연히 인공 지능이 인간처럼 사고하고 느낀다는 것도 동의하기 어려워요. 인공 지능은 지적인 측면에서나 정서적인 측면에서 인간에 못 미치죠. 알파고처럼 어떤 특정 분야에서는 인간을 뛰어넘을 수 있지만, 인간의 지적 능력 전체를 능가할 순 없을 거예요. 따라서 인공 지능이 어떤 권리를 가져야 한다는 건 생각할 수 없고, 인간과 같은 대우를 받는 일은 더더욱 있을 수 없다고 봅니다."

지환의 말이 끝나기 무섭게 수연이 입을 뗐다.

"마음에 대해서 먼저 논의해 보는 게 좋겠어요. 마음은 몇 가지 조건을 통해서 확인할 수 있다고 해요. 지능, 자의식, 기억 등이 중요한 조건이에요. 자의식이란 쉽게 말해 '나는 로봇이야.'라고 생각하는 거죠. 스스로 생각할 줄 알고 필요하다고 생각한 일을 할 수 있으며 자기 자신과 세상에 대해서 적극적으로 고민하는 의식이에요."

"현재 그런 인공 지능이 있나요?"

지환이 안경을 고쳐 쓰며 질문을 던졌다.

"지금은 없지만, 나올 수 있겠죠."

수연이 대수롭지 않다는 듯 대답했다.

"어쨌든 지금은 없는 거네요?"

지환이 다시 묻자 가을이 얼른 받아쳤다.

"낮은 수준에서 자아 인식을 통과한 사례는 있어요. 2012년에 '거울 테스트'라는 자기 인식 테스트에 통과한 로봇이 있었어요. 자기 인식 테스

트는 1970년대에 개발되어 오늘날까지 쓰이고 있는데, 거울에 비친 자신을 인식하면 자의식이 있는 걸로 간주해요. 이 테스트에 통과한 로봇은 예일 대학교의 연구팀이 만든 '니코'예요. 니코는 눈과 팔을 갖고 있어요. 거울에 비친 팔을 보면서 자기랑 상관없는 물건이 아니라 자기 몸의 일부라는 사실을 인식했다고 해요."

"그 정도 가지고 자의식을 가졌다고 말하기는 어렵지 않을까요? 동물도 그 정도는 가능할 것 같은데요."

이번에 질문을 던진 사람은 민지였고, 수연이 답변에 나섰다.

"맞아요. 지금까지 일부 영장류, 돌고래, 코끼리 등이 통과했어요."

"그렇다고 동물이 인간과 같은 마음을 가지고 있다고 보긴 어렵잖아요?"

민지가 다시 물었다.

"지금은 인공 지능에게서 초보적인 자의식까지만 확인할 수 있지만 기술이 발전하면 인공 지능의 자의식은 더 성장할 거예요."

수연이 대답했다. 수연의 말에 맞선 사람은 지환이었다.

"인공 지능이 자의식을 갖는다는 건 말처럼 쉬운 일이 아닙니다."

민지가 지환을 거들고 나섰다.

"자의식은 '내가 누구인가?'를 생각하고 더 나아가 '어떻게 살아야 할까?'를 고민하는 의식이에요. 즉 자신에 대한 이해를 바탕으로 삶을 설계하고 미래를 계획하는 의식이죠. 그런 점에서 동물이나 인공 지능은 자의식을 갖기 어려워요."

"아직은 인공 지능이 그런 의식을 갖지 못하지만 미래는 어떻게 될지 모르잖아요. SF 영화 〈블레이드 러너〉에선 인조인간이 자신을 만든 과학자를 찾아가 4년으로 제한된 수명을 늘려 달라고 요구해요. 즉, 죽음과 미래를 생각하는 인조인간인 거예요."

가을이 또다시 영화를 사례로 들자, 지환이 바로 반박을 했다.

"자꾸 공상 과학 영화를 예로 드는데……. 영화는 상상해서 만들어 낸 이야기라 근거로는 부족해 보이네요. 단순히 지능이 높다고 마음을 갖게 될까요?"

"물론 마음이 뭐냐는 건 간단히 정의 내리기 어려운 문제예요. 그렇지만 '마음의 꼴'을 갖추려면 어떤 것들이 필요한지에 대해서는 대략적으로 합의하면 좋겠어요. 마음속에서는 어떤 일들이 일어나죠? 느끼고 떠올리고 생각하는 일이 일어나죠. 오랫동안 마음의 문제를 고민한 철학자들은 이렇게 정리하고 있어요. 마음이 있다고 말하려면 무언가를 느끼는 의식, 대상을 떠올리는 표상, 문제를 해결하는 지능 등이 있어야 한다고요."

가을이 차분하게 마음에 대해 설명했다.

"좀 더 자세히 설명해 주실래요?"

지환이 물었다.

"내면에서 느끼는 감각이 의식입니다. 내가 나로서 느낄 때 흔히 자의식이라고 부르죠. 표상表象은 마음속으로 대상象을 그려 내는表 성질을 가리킵니다. 예를 들어 머릿속에서 '어제 비가 왔지.' 하고 떠올린다면 어제라는 과거, '비가 왔다.'는 사실 등을 마음속으로 그려 내는 거죠. 지능은 문제 상황에 닥쳤을 때 이를 해결하는 능력이고요."

"근데 그런 내용이 인공 지능의 마음과 무슨 상관이 있죠?"

지환이 다시 질문하자 가을이 답했다.

"의식, 표상, 지능을 갖춰야 마음이 있다고 본다면, 결국 인공 지능도 지능과 함께 나머지 조건을 갖추고 있으면 마음이 있다고 볼 수 있는 것 아닐까요?"

다들 잠시 생각하는 동안 수연이 다음 할 이야기를 꺼냈다.

"그렇다면 기억의 문제는 어떨까요? 마음의 문제에서 기억도 중요할 것 같은데요."

"그게 왜 중요하죠?"

민지가 바로 질문을 던졌다.

"마음이 있다고 말하려면 표상이 있어야 한다고 했잖아요. 무언가를 떠올리는 마음의 성질이요. 어떤 대상을 마음속에 떠올리려면 당연히 그 대상을 기억하고 있어야겠죠. 예를 들어 내가 어제까지 알고 지내던 친구와 다시 만나서 놀려면 그 친구를 기억하고 있어야 해요. 그래야 그 친구와의 관계가 가능할 겁니다. 그런 점에서 기억이 중요하죠."

"음, 마음에서 기억이 중요하다는 점에는 동의합니다. 그런데 로봇의 기억은 인간의 기억과 다르지 않나요? 인공 지능 로봇이 기억을 갖는다 해도 그것은 자기 기억이 아니라 외부에서 넣어 준 기억일 테니까요. 그런 기억을 온전한 기억이라고 말하긴 어려울 것 같은데요. 이식된 기억, 가짜 기억으로 가득한 마음을 진짜라고 볼 수 있을까요?"

민지도 물러서지 않았다.

"그게 왜 '가짜 기억'이라고 생각하세요?"

수연의 질문을 시작으로 두 사람은 길게 논쟁을 이어 갔다.

"인간의 기억은 경험을 통해 축적되는 반면에 로봇의 기억은 외부에서 주입된 것이기 때문입니다. 로봇의 기억은 경험을 거쳐 자연스럽게 쌓인 기억이 아니에요."

"로봇도 경험을 통해 기억을 축적해 나갈 수 있죠. 기억을 무조건 주입받는 건 아니에요."

"물론 로봇의 경우에도 어떤 기억은 경험, 그러니까 보고 듣고 시행착오를 겪으면서 축적할 수 있어요. 그러나 로봇에게는 처음 제작될 때부터 많은 기억을 입력할 수밖에 없어요."

"왜 그렇죠?"

이번엔 수연이 질문했다.

"생각해 보세요. 환자를 돌보는 로봇이 아무 준비도 없이 병원에 투입된다면 어떻게 될까요? 간병에 서툰 로봇이 시행착오를 겪으면서 점점 더 능숙해져 간다? 그렇다면 능숙해지기 전까지 로봇이 돌본 환자들은 뭐가 되나요? 그들은 실험 대상인가요?

결국 간병 로봇은 처음부터 간병과 관련된 지식과 정보, 기술 등이 입력된 상태로 의료 현장에 투입될 수밖에 없어요. 이렇게 로봇에 주입된 지식, 정보, 기술 등의 기억은 경험을 거쳐 얻은 진짜 기억이 아니죠. 로봇이 가진 가짜 기억은 로봇의 마음이 가짜라는 사실을 증명할 뿐입니다."

민지가 길게 설명했다.

"인간 의사를 생각해 봅시다. 의사는 의료 현장에서 직접 경험한 것들을 기억하고 이를 활용해 더 나은 진료를 합니다. 그런데 의사의 기억은 모두 직접 경험의 결과일까요? 그렇지 않죠. 의사 역시 의학 서적, 논문 등을 통해 각종 의학 지식과 정보를 습득합니다. 이들 자료는 다른 사람들이 경험한 내용을 기록해 놓은 결과물이에요. 어떻게 보면 다른 사람의 기억이라고 할 수 있습니다. 수많은 사람이 축적한 경험이 문자로 응축돼 있고, 이것이 글을 통해 전파되는 거예요. 로봇에 입력하는 정보와 다르지 않습니다."

수연은 의사의 경우를 예로 들어 반박했다. 이어서 가을이 수연의 의견에 덧붙였다.

"설사 기억이 가짜라고 해도 마음까지 가짜인 건 아니죠. 그 기억을 떠올리고 되새기는 마음의 작용이 있다면 말이에요. 기억이 실제든 가짜든, 마음의 작용이 엄연히 있다면 '가짜'라고 말하기는 어려울 것 같아요."

마음이 있다는 걸 어떻게 알까?

"사실은 마음이 있느냐, 없느냐는 중요한 문제가 아닐지도 모릅니다."
수연의 말에 지환이 반문했다.
"그쪽 팀에서는 고도의 인공 지능을 도구로만 보지 않는 것 같은데 그러면 마음을 중요하게 생각해야 하지 않나요?"
"그렇긴 한데, 중요한 것은 마음의 유무가 아니라 마음에 대한 인식이라고 생각합니다. 다시 말해, 마음의 존재를 어떻게 아느냐는 거죠. 자기 마음이야 스스로 느끼는 것이니까 확신할 수 있지만 상대방에게 마음이 있다는 건 어떻게 알죠?"
수연이 물었다.
"그거야 자기 자신한테 있으니까 상대에게도 있다고 생각하는 거 아닐까요? 간단한 문제 같은데요."

민지가 수연에게 다소 까칠하게 되물었다. 당연한 걸 문제 삼는다는 표정이었다.

"그런데 그 상대가 생김새가 인간과 전혀 구분되지 않는 인공 지능 로봇이라면요?"

"그런 로봇이 있다고요?"

민지가 되물었다.

"아니요, 한번 가정해 보자고요. 인간인지 아닌지 구분이 안 되는 로봇이 있다고 말이에요. 인간인지 모르는 상태에서 그 존재에게 마음이 있는지 어떻게 알 수 있나요? 상대의 마음이 진짜로 존재하는지는 확인할 길이 달리 없잖아요. 단지 대화를 나눠 보고 함께 지내면서 마음이 있다고 느낄 뿐이죠. 중요한 것은 실제로 마음이 있느냐가 아니라 상대방이 마음을 느낄 수 있느냐는 거예요."

수연은 차분하게 반론을 이어 갔다.

"그게 인공 지능과 무슨 상관이죠?"

"사람이 인공 지능에 친밀감을 느낄 수 있다는 거죠. 반려동물만 해도 지능이 낮고 말을 못 하지만 인간과 깊은 유대 관계를 맺잖아요. 그래서 반려동물을 가족처럼 대하기도 하고요."

"인간이 로봇에게 애착을 느끼고 마음을 준다고 로봇에 마음이 생긴다고 볼 수 있을까요?"

"다시 질문할게요. 여러분은 옆에 있는 사람에게 마음이 있다는 걸 어떻게 아나요?"

수연은 민지에게 다시 질문을 던졌다.

"음, 그건……. 사람이라면 다 마음이 있으니까요. 그냥 아는 거죠."

민지가 다소 당황한 눈치였다.

"옆 사람이 진짜 사람이 아니라면요? 아주 정교하게 만들어져서 사람과 구분이 안 되는 인공 지능 로봇이라면요? 미래에 그런 인공 지능이 등장하게 된다면 사람과 어떻게 구분하죠?"

수연이 기회를 놓치지 않고 질문을 쏟아 내며 압박했다.

"그건……."

민지가 할 말을 찾지 못했다.

"결국 우리가 타인에게 마음이 있다고 판단할 때는 대화하고 교감을 나눈 뒤에 판단하는 거 아닐까요?"

수연이 쐐기를 박듯이 힘주어 말했다. 가을도 거들었다.

"튜링 테스트를 예로 들어 볼게요. 이 테스트는, 질문과 답변을 주고받은 뒤에 그 대답이 인간에 의한 것인지 기계에 의한 것인지 분간할 수 없을 때 그 기계를 생각할 수 있는 존재로 판정하지요.

두 방을 준비해서 한곳에는 평가자를, 다른 곳에는 평가 대상을 앉힌 다음에 평가자와 평가 대상이 대화를 나누게 해 사람 여부를 판단해요. 5분 동안 대화를 해서 심판의 30퍼센트 이상을 속이면 인간 수준의 지능을 가진 것으로 보는 방식이에요. 지금도 인공 지능의 판별 기준으로 사용하고 있어요.

만약 외형상 인간과 구분이 안 되고, 또 튜링 테스트를 통과한 인공 지능 로봇이 있다면 인간은 그 로봇을 인간처럼 느낄 거예요. 즉, 인간이 어떻게 느끼는지가 중요한 거예요."

"인간이 아니라면 실제로 통과하기 어려울 것 같은데요."

민지가 어떻게든 밀리지 않으려고 애썼다. 그러자 수연이 다시 사례를 들었다.

"이 검사를 토대로 한 대회가 있어요. 매년 '뢰브너 상Loebner Prize'이라는 행사가 개최되는데요. 2014년 영국의 레딩 대학에서 열린 대회에서 '유진 구스트만'이라는 이름으로 우크라이나 소년을 가장한 프로그램이 튜링 테스트를 통과했어요. 64년 만에 튜링 테스트를 통과한 첫 사례랍니다."

사회자 선생님이 양손을 든 채 갑자기 토론에 끼어들었다.

"튜링 테스트를 통과한 건 맞지만, 논란도 있었어요. 그때는 '영어가 모국어가 아닌 13세 소년'이라는 가정을 두었기 때문에 튜링 테스트를 좀 더 수월하게 통과할 수 있었어요. 본래 튜링은 그런 예외 가정은 두지 않았답니다."

"앗, 죄송해요. 몰랐어요."

수연이 머쓱하게 머리를 긁적였다.

"조만간 그런 가정이 없더라도 인공 지능이 튜링 테스트를 통과할지 몰라요. 애플 시리나 구글 어시스턴트 등 인공 지능의 대화 수준이 갈수록 높아지고 있거든요. 인공 지능이 논란 없이 튜링 테스트를 통과하게 되면 인공 지능과 마음의 문제는 더욱 부각되겠죠.

인공 지능이 마음을 가질 수 있을까, 없을까는 마음을 어떻게 정의하느냐에 따라 달라집니다. 마음의 문제는 오랫동안 철학의 핵심 문제였지만, 여전히 마음을 정의하지 못하고 있어요. 마음이 무엇인지 정의하기 어려운 것처럼 인공 지능과 마음의 문제도 간단하지 않다고 생각해요."

수연은 이야기를 마무리 지었다.

인공 지능 권리의 기준

"자, 이제 다른 주제로 넘어가 볼까요. 인공 지능이 마음을 갖게 될지 아닐지는 모르지만, 어쨌든 인간과 거의 구분이 안 되는 인공 지능이 일반화된다면 어떻게 될까요? 그런 인공 지능도 인간과 같은 권리를 누려야 할까요?"

사회자 선생님이 자연스럽게 화제를 전환했다. 가을이 먼저 사례를 들어 이야기를 시작했다.

"2015년에 원숭이 저작권 사건이 있었어요. 정글에서 원숭이를 촬영한 사진작가가 카메라에서 자신이 찍지 않은 사진을 발견했어요. 아마도 정글에 잠깐 놓아둔 카메라를 원숭이가 건드려서 찍힌 사진 같아요. 작가가 사진을 공개하면서 크게 화제가 됐고, 위키피디아가 사진을 홈페이지에 올렸어요.

그때, 작가가 허락 없이 자신의 사진을 올린 것에 항의하자 위키피디아는 원숭이가 찍은 사진이기 때문에 문제가 없다고 맞섰죠. 이후 동물 보호 단체 페타가 사진의 저작권이 원숭이에게 있다며 사진 수익금을 원숭이에게 써야 한다고 소송을 제기했어요."

"소송 결과는 어떻게 됐나요?"

지환이 물었다.

"큼큼. 법원은 인간만이 저작권을 가질 수 있다고 판결했습니다."

가을이 목소리를 가다듬더니 이내 대답했다.

"그거 봐요. 동물에게 마음 비슷한 게 있다 해도, 권리가 인정되는 건 아니에요. 원숭이가 감정을 느끼고 몇몇 동물이 자신들만의 언어를 사용한다 해도, 인간과 동등한 권리를 갖는다고 볼 수는 없어요. 소송 결과도 이를 말해 주고 있네요."

지환이 당연하다는 듯 고개를 끄덕이며 말했다.

"인간이 아닌 존재에 지적 재산권을 보장해야 한다는 소송이 실제 진행되었다는 것이 이 사례의 핵심이에요. 앞으로는 소송이 더 늘어날지 몰라요. 게다가 인공 지능의 권리는 동물의 권리보다 좀 더 복잡해 보입니다.

로봇 기자의 기사는 저작권이 로봇에 있을까요? 무언가를 개발한 인공 지능은 발명자로 볼 수 있나요? 이런 질문에 아니라고 단정 지을 수 있나요? 동물의 창작이 우연의 결과라면, 인공 지능의 창작은 그렇지 않기 때문이에요. 창작의 의도까진 말하기 어려워도 우연히 생겨난 결과물은 아

니니까요."

수연이 반론을 폈다.

"저작권을 인정하려면 창작의 개성이 있어야 할 텐데, 과연 인공 지능에게 개성이 있는지 의문이네요. 창의력에서도 분명한 한계가 있을 것 같고요."

지환 역시 반론을 제기했다.

"물론 현재 저작권법은 저작물을 '인간의 사상이나 감정을 표현한 창작물'로 정의하긴 해요. 그렇다고 해도 인공 지능이 창조할 능력이 없다고 보는 근거가 뭐죠?"

수연이 인정하기 어렵다는 듯 목소리를 높였다.

"영화 〈아이, 로봇〉에 이런 대사가 나와요. '로봇이 교향곡을 작곡할 수 있을까? 캔버스에 그림을 그릴 수 있을까?'라는 대사예요. 인공 지능이 똑똑한 건 인정하지만 창의력이 있는지 의문을 갖는 대목이지요. 오히려 거꾸로 묻고 싶네요. 인공 지능이 창의력을 가질 수 있다고 보는 근거가 무엇인가요?"

수연과 달리 지환의 목소리는 차분했다. 이내 평정심을 찾은 수연이 사례를 제시하며 반박했다.

"〈아이, 로봇〉의 원작 소설은 1950년에 발표됐어요. 이후로 인공 지능 기술은 엄청나게 발전했고요. 지금은 창작을 하는 인공 지능이 실제로 등장한 시대예요. 인공 지능 이미지 소프트웨어 '딥드림'은 사진을 주면 여러 화가의 화풍으로 다시 그려 내죠. 동일한 사진이 고흐나 피카소의 화풍으로 바뀐답니다. 인공 지능이 참고할 그림이 많을수록 얼마든지 다양하게 그릴 수 있어요. 그림을 그리는 딥드림뿐만 아니라 작곡을 하고 소설을 쓰는 인공 지능도 있습니다."

지환이 재반론을 폈다.

"창의성을 어떻게 정의하느냐에 따라 달라질 것 같군요. 창조가 뭐죠? 마음속 깊은 곳의 영감과 감정을 직관적으로 표현한 것을 창조라고 하지 않나요? 단순히 고흐 풍으로 그려 낸 게 창조일까요? 그건 고흐 그림을 흉내 낸 것에 불과해요."

수연은 순간 멈칫했다. 반론이 쉽지 않은 내용이었다. 잠시 뒤에 지환이 화제를 전환했다.

"인공 지능에도 권리가 있다면 그것은 자유의 권리가 아니라 복종할 권리죠."

"세상에 그런 권리도 있나요?"

수연의 목소리가 다시 높아졌다. 쏘아붙이는 듯한 말투였다. 지환은 차분하게 대응했다.

"인공 지능은 어디까지나 인간의 기본권 보호라는 대원칙 아래 있어요. 설사 인공 지능의 권리를 인정하더라도 그 권리는 인간이 누리는 것과 같은 권리라기보다 보호받을 권리가 아닐까요?"

"보호받을 권리가 뭐죠?"

수연이 지환에게 질문을 던졌다. 지환이 설명했다.

"동물 보호 같은 개념으로 이해할 수 있어요. 현재 법률상 동물의 권리는 주체로서 요구할 권리가 아니에요. 객체로서 보호받을 권리 정도가 인정됩니다. 인공 지능은 어디까지나 인간의 소유물에 지나지 않아요."

이번엔 가을이 나섰다.

"소유물인 로봇이 스스로 재산에 대한 소유권, 더 나아가 자신에 대한 소유권, 자율권, 자기 결정권을 주장한다면요? 〈바이센테니얼 맨〉이라는 영화가 있어요. 로봇이 자신의 몸을 고쳐 점점 인간으로 변한다는 내용의 영화예요. 앤드류라는 이름의 로봇이 주인공으로 나오죠.

앤드류는 제작 과정의 실수로 지능과 호기심을 갖게 됩니다. 고도의 인공 지능을 갖춘 로봇인 셈이에요. 앤드류는 놀라운 목공예 실력으로 나무 시계를 만들어 비싼 가격에 팔아요. 판매 수입이 늘어나자 결국 수입을 누가 차지할지를 두고 앤드류를 소요한 가족들 사이에 다툼이 벌어지죠. 앤드류 편인 막내딸은 앤드류에게 소유권을 줘야 한다고 주장하지요."

가을의 예시에 반론하는 민지의 눈빛이 매섭게 빛났다.

"소유물의 소유권을 인정한다고요? 지금 그 이야기는 농장주의 소유물인 젖소가 자기 젖에서 짠 우유를 자기 소유라고 주장하는 것과 같잖아요? 지금의 상식으론 도저히 말이 안 되는 얘기 같아요."

"기존의 관점에서 보면 그럴 거예요. 그런데 인공 지능은 지금껏 인간이 소유한 어떤 소유물과도 달라요. 자아를 갖게 된다면 다른 소유물들과 더 달라지겠죠. 인간이 만들었지만 인간을 능가하고, 인간의 소유물인 동시에 자신의 소유권을 요구하는 소유물이 될 테니까요."

가을이 또박또박 분명하게 말했다.

"소유물인 동시에 소유권을 주장한다고요? 말장난 같은 주장이네요."

민지가 어이가 없다는 듯 피식 웃었다. 가을은 살짝 기분이 나빴지만 참고 이야기를 이어 갔다.

"인류가 자의식을 가진 인공 지능을 경험한 적이 없으니까 말이 안 된다고 생각할 수 있죠. 우리가 인공 지능의 권리를 인정하지 않아도, 자의식을 가진 인공 지능이 생긴다면 스스로 권리를 요구하지 않을까요? 옛날에 노예도 그러했고요."

"갑자기 노예 얘기가 왜 나오죠?"

민지가 목소리를 높였다. 가을의 목소리도 조금 커졌다.

"노예가 어떤 존재였나요? 인간의 권리는 인정받지 못했지만 자아를 가진 인간이었죠. 인공 지능 로봇도 비슷한 처지에 놓이지 않을까요? 일부 SF 영화에 나오는 로봇들은 인간처럼 자아와 욕망을 가지고 있어요. 자아와 욕망이 있다면 권리도 요구할 수 있겠죠.

만약 인간이 이를 거부한다면 인간과 로봇은 로봇의 권리를 두고 갈등할 수밖에 없어요. 물리적 충돌도 발생할 수 있고요. 옛날에 노예가 반란을 일으켰던 것처럼요."

민지는 가을의 주장에 물러서지 않았다.

"인공 지능의 권리와 자유를 주장하기에 앞서 인공 지능의 책임과 규제를 말해야 하지 않을까요?"

"규제 부분은 다음 시간에 다룰까요. 오늘은 인공 지능의 권리에 관해서만 논의하도록 합시다."

사회자 선생님이 두 사람의 논쟁에 끼어들었다. 토론이 잠깐 중단되자 이번엔 수연이 나섰다.

"인공 지능이 마음을 갖게 된다면 인공 지능의 권리를 인정할 수밖에 없습니다. 인공 지능에게 마음이 생길 수 있다는 것에 대해선 이미 입장을 밝혔으니 더 이상 얘기하지 않겠습니다. 혹시 유럽 연합EU의 로봇 시민법에 대해서 들어 봤나요?"

"2017년 EU 의회에서 로봇 시민법 결의안을 통과시킨 걸로 알고 있습니다."

민지가 그 정도는 알고 있다는 듯 대답했다.

"인공 지능 로봇의 법적 지위를 '전자 인간'으로 지정하는 결의안이었

어요. 찬성 17표, 반대 2표, 기권 2표로 통과되었고요. 압도적인 표 차이죠. 지금까지 주식회사 등의 '법인'을 제외하면 사람이 아닌 존재가 법적 지위를 얻은 사례는 없었어요."

수연의 설명이 끝나자 민지가 바로 반박을 가했다.

"그런데 그건 로봇의 권리보다 킬 스위치, 로봇 3원칙 등 인간의 보호와 권리에 초점을 맞추지 않았나요? 킬 스위치란 공격적 행동 등 로봇의 비정상 작동에 대비해 언제든 작동을 멈추는 안전장치예요. 결의안에는 킬 스위치가 없는 로봇을 생산하지 않고 수입하지도 않는다는 조항이 포함됐어요. 로봇 3원칙은 '로봇은 인간을 해칠 수 없고 인간의 명령을 들어야 하며 스스로를 보호해야 한다.'는 원칙이에요."

민지는 설명을 계속했다.

"그러니까 로봇에게 완전한 자율권을 줬다기보다 제한적인 권리를 줬다고 볼 수 있어요. 제한적 권리도 인간의 권익을 위해 인정한 것이지 로봇을 위한 것은 아니었어요. 어디까지나 인간을 보호하고 인간의 권익을 지키기 위한 조치일 뿐입니다."

"아, 그게……. 그런 거였나요?"

당황한 수연이 말을 더듬었다. 상황이 심상치 않다고 느낀 가을이 얼른 나섰다.

"인간과 로봇의 관계가 꼭 일방적이어야 할까요? 인간의 명령에 무조건 복종하는 게 로봇의 가장 큰 미덕일까요? 인간의 명령도 늘 옳은 건 아니잖아요. 로봇의 오류 가능성 못지않게 인간이 오류를 저지를 가능성이 크다면, 인공 지능에게도 판단의 자유를 줘야 하지 않나요? 아니, 인공 지능을 인간과 동등하게 대해야 하지 않을까요?"

바로 되받아친 사람은 지환이었다.

"인간도 잘못할 수 있으니 로봇의 권리를 인정하자? 인간의 잘못은 잘못이고, 로봇의 권리는 권리죠. 두 문제를 섞어선 안 됩니다. 인간이 오류를 저지를 수 있다면 그걸 해결해야지, 그 문제 때문에 인공 지능에 그만큼 자유를 주자는 건 납득하기 어렵습니다."

사회자 선생님이 시계를 쳐다보며 말문을 열었다.

"좋아요. 인공 지능의 권리에 대해 열띤 토론이 진행됐네요. 권리 문제를 논할 때 빠뜨려선 안 될 부분은 권리의 내용과 대상이 고정된 게 아니라는 점이에요.

가령 여성의 투표권은 1893년 뉴질랜드에서 최초로 인정됐어요. 이후 각국에서 여성 투표권이 인정되기 시작했지만, 카타르는 1999년, 부탄은 2008년이 돼서야 인정됐죠. 이처럼 권리에 대한 의식은 시대와 사회에 따라 달라집니다. 인공 지능의 권리를 논할 때도 이 점을 염두에 둬야 겠죠?"

자의식을 갖춘 인공 지능을 인간처럼 대해야 할까?

"바로 앞에서 인공 지능을 인간과 동등하게 대우해야 한다는 문제를 제기했는데요. 자연스럽게 쟁점이 옮겨졌군요. 지금부터는 인공 지능을 인간과 동등하게 대해야 할지 토론해 보도록 할까요?"

사회자 선생님의 제안에 지환이 이야기를 시작했다.

"인공 지능 로봇이 인간과 비슷한 모습을 하고 인간의 말을 흉내 낸다고 해서 인간처럼 대해야 하는 건 아니라고 생각합니다. 로봇은 어디까지나 인간의 명령을 듣고 수행하는 기계에 불과해요. 로봇은 인간처럼 실제 마음을 가지고 있지도 않아요."

지환의 이야기가 끝나자 가을이 반론을 폈다.

"실제 사례를 들어 볼게요. 일본에서 로봇에 큰 애착을 보인 사건이 있었어요. 2015년 소니가 부품 부족을 이유로 로봇 강아지 아이보에 대한 AS를 중단하자 아이보 주인들이 합동 장례식을 열었어요. 주인들은 아이보가 작동을 멈추자 반려견이 죽은 것처럼 슬퍼했다고 해요. 미국에는 룸바라는 로봇 청소기가 있어요. 한 여성은 룸바가 쉴 수 있도록 가끔 직접 청소한다고 해요. 이런 사례들을 보면 어떤 생각이 드나요?"

"상식적으로 이해가 안 가요."

지환이 이해가 안 된다는 표정을 지었다. 가을은 고개를 가로저었다.

"머리로 생각하면 이해하기 어려워요. 아마 미래엔 이런 일이 흔할 거예요. 중요한 건 사람들이 로봇에 애착을 느낀다는 사실이에요. 아이보의 감정 표현이나 반응 능력은 실제 강아지보다 못하지만 사람들은 아이보에게 실제 강아지를 키우듯 애정을 쏟았어요. 그래서 작동이 멈춘 아이보에게 마치 오랫동안 함께한 반려견을 떠나보낼 때와 같은 슬픔과 상실감을 느꼈던 거죠."

가을의 말에 민지가 어이없다는 표정으로 반론을 시작했다.

"그게 인공 지능을 사람처럼 대해야 한다는 근거인가요? 사람들이 오랫동안 소유한 물건에 보이는 애착과 비슷한 경우잖아요."

그때 수연이 말문을 열었다.

"그렇게 단순 비교할 문제는 아닌 것 같아요. 물건에 대한 애착은 일방적인 거죠. 반면에 인공 지능에 대한 애착은 상호 작용에서 생겨납니다. 인공 지능이 인간의 행동이나 감정에 반응하면서 자연스럽게 생겨나는 거죠."

"그렇다 해도 로봇 강아지가 어떤 감정을 진짜로 느끼는 건 아니잖아요?"

민지가 의문을 제기했다. 수연과 민지가 공방을 이어 갔다.

"아이보는 낮은 수준의 인공 지능이라 감정이 없지만, 앞으로 더 높은 수준의 인공 지능이 등장할 수 있으니까요. 현재의 인공 지능은 계산과 논리를 중심으로 발전하고 있지만 앞으로는 감성 쪽으로 진화할 거예요."

"높은 수준의 인공 지능도 감정이 없는 건 마찬가지예요. 더 정교한 반응, 더 섬세한 감정 표현이 가능해진다 해도 본질적으로 진짜 감정은 아니니까요."

민지가 말했다.

"우리가 아무리 따져 봐도, 실제 마음이 존재하는지 감정이 존재하는지 어차피 알 수 없어요. 중요한 것은 인공 지능의 반응에 대해 실제로 사람들이 어떻게 느끼는가 아닐까요?"

수연이 그렇지 않다는 듯 목소리에 힘을 실었다. 가을이 수연의 의견에 덧붙였다.

"인간에 대한 존중과 배려를 위해서라도 로봇에 대한 존중이 필요해요."

"로봇을 존중한다고 꼭 로봇이 인간을 존중할 것 같진 않아요."

지환이 말했다.

"간디는 '한 국가의 위대함과 도덕성은 그 나라가 동물을 대하는 방식

을 통해 판단할 수 있다.'라고 말했어요. 동물처럼 약한 존재 혹은 사회적 약자가 어떻게 대우받는지를 통해 그 사회의 도덕성을 판단할 수 있단 뜻이에요. 동물이든 로봇이든 자기보다 약한 존재를 함부로 대하는 사람은 타인에게도 그렇게 할 가능성이 높아요."

수연이 지환의 말에 반론하자 지환이 다시 반론을 시작했다.

"그렇다고 하더라도 인공 지능 로봇을 인간처럼 대우한다면 사회는 큰 혼란에 빠질 거예요. 인공 지능과 결혼하겠다는 사람도 나올 테고, 인공 지능 스스로 참정권까지 요구할 겁니다. 투표도 하고 정치인으로 나서서 정치도 하고요. 언젠가 인공 지능 로봇이 대통령이 될 수도 있겠죠. 어때요? 당연하고 자연스럽게 보이나요?"

지환의 발언이 끝나자 바로 민지가 거들었다.

"퀴즈쇼에서 인간 챔피언을 이기고 지금은 의료 분야에서 활약 중인 닥터 왓슨을 보세요. 닥터 왓슨을 개발한 개발자들도 닥터 왓슨을 그$_{he}$나 그녀$_{she}$가 아닌 그것$_{it}$으로 부른다고 해요. 자의식이 없기 때문에 인간과 같은 인격체로 대우하지 않는 거예요."

"앞으로 자의식을 갖게 된다면요? 앞에서 지적한 것처럼 우리가 인공 지능을 사람과 다르게 대하기로 결정한다 해도, 인공 지능이 그걸 거부한다면요?"

수연이 계속 반론을 제기했다.

"아이고, 자의식을 갖는다는 게 말처럼 쉬운 게 아니라니까요."

지환이 어이없다는 듯 탄식했다. 지환의 발언이 이어졌다.

"앞에서 설명했지만, 인공 지능이 자의식을 가질 가능성은 희박해요. 자꾸 불가능한 가정을 하니까 토론이 헛도는 느낌이 들어요. 여러분이 아주 큰 자루에 자동차 부품을 집어넣고 마구 흔들었다고 칩시다. 자루를 계속 흔들면 자동차가 만들어지나요? 수천만 년, 수억 년을 흔들어도 불가능한 일이잖아요. 인공 지능이 자의식을 갖는 것도 마찬가지예요."

수연은 포기하지 않고 끈질기게 가정의 필요성을 제기했다.

"가능성이 매우 낮다고 해도 한번 가정해 보자고요. 그럴 때 자의식을 가진 인공 지능이 인간의 결정을 받아들이지 않는다면 어떻게 될까요?"

수연과 지환이 공방을 이어 갔다.

"인간이 만든 물건일 뿐인데, 저들이 뭘 어쩌겠어요?"

"인공 지능이 무조건 인간을 공격하진 않겠지만, 인간이 자신의 정당한 요구를 묵살하고 계속 열등한 지위를 강요한다면 인류에게 저항할지도 몰라요."

"창조물은 창조자의 명령을 따라야 합니다."

지환이 단정했다.

"여러분은 부모님의 요구를 무조건 따르나요?"

수연이 따져 물었다.

"그건 다른 문제죠. 부모님은 우리의 창조자가 아니니까요."

"우리를 창조하진 않았지만 부모님 덕분에 우리가 존재하는 건 맞잖아요."

수연이 야무지게 말을 받아쳤다.

"부모 덕분에 자식이 있고 인간 덕분에 인공 지능이 있다고 해서 그 둘을 같다고 할 수 있을까요? 부모님은 우리를 낳았지만 우리는 부모님의 창조물이 아닙니다. 반면 인공 지능은 인간의 창조물이죠."

수연과 지환이 치열하게 논쟁하다 보니 다른 사람들이 끼어들기 쉽지 않았다. 눈치를 살피던 가을이 슬쩍 끼어들었다.

"과연 그럴까요? 인간과 인공 지능은 분명 다르게 생겨나죠. 인간은 부모로부터 태어나지만, 인공 지능은 사람에 의해 만들어져요. 그러나 이후 학습과 경험을 통해 인공 지능의 의식이 성장한다면 어떻게 될까요?"

이번에는 민지가 나섰다.

"좋습니다. 그럴 수 있다고 상상해 볼게요. 그런데 지능, 능력, 수명 등 여러 면에서 인간보다 우월한 인공 지능에 인간과 같은 대우까지 해 준다면, 인간은 인공 지능과의 경쟁에서 밀릴 수밖에 없습니다. 이게 공정한 걸까요?"

가을이 공정함이란 표현에 발끈했다.

"인공 지능으로 사회가 더욱 양극화될 가능성이 있다고 얘기했을 때는 어쩔 수 없다는 식으로 대답하신 걸로 기억합니다. 그때는 공정성에 전혀 관심이 없더니, 저희가 인공 지능의 권리를 주장하니까 인간과의 공정성을 지적하니 적잖이 당황스럽네요. 당장 인공 지능과 인간을 똑같이 대우하자는 주장이 아닙니다. 앞으로 인공 지능이 마음을 갖게 됐을 때 인간이 인공 지능을 인정하고 존중할 필요가 있다는 거죠."

다시 지환이 의문을 제기했다.

"인간은 정해진 수명이 있는 반면에 인공 지능은 영원히 존재할 수 있습니다. 그런데 인공 지능을 인간과 똑같이 대우한다고요? 그렇다면 인간과 동일한 존엄성을 지니면서 영원히 살 수 있는 존재가 등장하는 거 아닐까요?"

"그렇게 볼 수 있겠네요."

수연이 순순히 수긍했다.

"이건 간단한 문제가 아닙니다. 인간보다 더 뛰어나고, 또 영원히 살 수 있는 존재라면 거의 신과 같은 존재 아닌가요?"

지환의 목소리가 점점 커졌다. 덩달아 수연의 목소리도 커졌다.

"그렇다면 더더욱 대책이 필요하겠죠. 인공 지능이 인간을 열등한 존재로 여길지도 모르고, 더 나아가 인간이 인공 지능을 신으로 섬길지도 모르니까요."

"마땅한 대책이 있기는 하나요? 대책은 처음부터 인간으로 대우하지 않는 것뿐이에요. 인공 지능을 인간처럼 대우하다 인공 지능의 지배를 받느니, 처음부터 인간과 같은 대우를 해선 안 돼요."

지환이 힘주어 말했다.

"지금 그 말은, 마치 노예를 해방하면 노예의 노동을 거저 이용할 수 없고 노예가 주인을 능가할 수도 있으니까 노예 해방을 거부한 노예 주인들과 비슷한 발언이네요."

수연의 목소리가 단호했다.

"저기, 노예 주인이라니, 말이 좀 심한 거 아닌가요?"

민지가 불쑥 끼어들어 한마디 던졌다.

사회자 선생님이 민지를 향해 '쉿' 하면서 손가락을 입술에 갖다 댔다. 얘기를 끊지 말고 경청하라는 의미였다. 수연의 발언이 다시 이어졌다.

"인공 지능을 인간으로 대우할 때 예상되는 문제들이 있어요. 특히 인간과 인공 지능의 격차는 우려되는 문제죠. 이런 문제를 해소할 방법이 있어요. 인공 지능을 인간으로 대우하되 인간과 같은 조건으로 만드는 거죠. 영화……"

민지가 수연의 말을 끊고 질문을 던졌다.

"인간과 같은 조건으로 만든다고요? 그럴 방법이 있나요?"

확신에 찬 수연의 눈빛이 반짝였다.

"앞에서 언급한 적 있는 영화 〈바이센테니얼 맨〉에서 주인공 로봇은 인간과 거의 같은 신체를 갖게 됩니다. 그런데 법률상 인간으로 인정받지 못해요. 로봇은 인간과 달리 죽지 않고 영원히 살기 때문이에요. 주인공 로봇은 영원한 생명이 인간으로 인정받는 데 걸림돌로 작용하자 스스로 노화와 죽음을 선택합니다. 기계로 영원히 사느니 인간으로 죽겠다는 거지요. 인공 지능이 인간으로 인정받고 싶다면 〈바이센테니얼 맨〉의 로봇처럼 정해진 수명을 받아들이는 것도 하나의 방법 아닐까요?"

"좋습니다. 수연이 얘기까지 듣기로 하죠. 오늘 토론 주제가 다소 어렵지 않을까 예상했는데, 생각보다 아주 잘해 줬네요. 다들 토론 준비를 얼마나 열심히 했는지 짐작할 수 있는 토론이었어요. 서로에게 수고했다는 뜻으로 손뼉 한번 칠까요?"

짝짝짝!

그러자 분위기가 조금 밝아지는 듯했다. 그런데 수연의 얼굴은 어두웠다. 자기 팀에서 여러 번 실수를 한 것 같았기 때문이다.

'아, 이제 한 번 남았네.'

생각이 거기에 미치자 수연은 더 우울해지는 듯했다.

"수연아, 떡볶이 먹고 갈래?"

가을이 수연의 어깨를 툭 치며 말을 걸어왔다.

"뭐?"

"떡볶이 먹으러 가자고."

엄마의 잔소리가 걱정됐지만 어쩔 수 없다. 오늘 같은 날은 떡볶이를 먹어야 마음이 풀릴 것 같았다.

"그래, 매운 걸 먹고 기분 좀 전환하자."

두 사람은 학교 앞 '매콤콤 떡볶이'로 향했다.

함께 정리해 보기
인공 지능의 권리에 대한 쟁점

인공 지능은 마음이 없다	논쟁이 되는 문제	인공 지능도 마음이 있다
인공 지능은 마음을 가질 수 없다.	인공 지능도 마음을 가질 수 있을까?	인공 지능은 마음을 가질 수 있다.
인공 지능은 권리가 없고, 인공 지능을 이용하는 사람의 권리가 우선이다.	인공 지능도 권리가 있을까?	앞으로 인공 지능이 더 발전한다면 인공 지능의 권리를 고려할 필요가 있다.
인공 지능은 마음을 가질 수 없듯이 자의식도 가질 수 없다. 인공 지능을 인간과 동등하게 대해선 안 된다.	앞으로 인공 지능을 인간과 동등하게 대우해야 할까?	자의식을 가진 인공 지능이라면 인간과 동등하게 대해야 한다.

5
인공 지능의 통제는 가능할까, 불가능할까?

암 진단 인공 지능, 인공 지능 비서 등이 상용되고
자율 주행차, 드론 택배 등의 도입이 현실화되면서
인공 지능 제작에 대한 규제, 사고 발생 시 책임 문제 등
관련 이슈들이 활발하게 논의되고 있어. 엄청난 잠재력과
파급력이 예상되는 인공 지능에 대한 두려움은
인공 지능을 어떻게 규제할 것인가란 질문으로 이어지지.
인공 지능 규범과 관련된 문제는 크게 둘로 나눌 수 있어.
첫째 인공 지능을 만들고 이용하는
사람의 책임은 어디까지인가,
둘째 인공 지능이 법적, 도덕적 책임을 질 수 있는가.
인공 지능이라는 새로운 현상이 새로운
도덕을 요구하는 거야.

인공 지능은 통제할 수 있다

지환
민지

인공 지능 관련 산업은 이제 막 꽃피기 시작했어. 이런 단계에서 규제를 한다면 산업 발전에 걸림돌로 작용할 수 있어. 따라서 강한 규제보다 기업들이 자율적으로 규제할 수 있게 하는 것이 좋지. 일부에선 인공 지능의 자율성이 커지는 만큼 인공 지능도 책임을 져야 한다고 주장하지만, 인공 지능이 책임질 방법은 없어. 또, 강한 인공 지능이 등장하게 되면 인간이 인공 지능을 통제할 수 없다고 주장하는 사람도 있어. 하지만 강한 인공 지능은 실현 불가능하고, 실현되더라도 충분히 인간의 통제 아래 둘 수 있어.

인공 지능은 통제하기 어렵다

인간은 인공 지능을 통제할 수 있을까? 이 문제는 강한 인공 지능의 등장을 전후로 살펴볼 필요가 있어. 강한 인공 지능이 등장하기 전까지, 즉 약한 인공 지능만 있을 때는 충분히 통제 가능하지. 다만 인공 지능을 잘 통제하려면 초기부터 규제를 강화할 필요가 있어. 인공 지능의 자율성이 커질수록 위험성도 커지기 때문이야. 당연히 인공 지능의 자율성이 커지는 만큼 인공 지능에게도 책임을 물어야 해. 문제는 강한 인공 지능이 등장하면서 발생하지. 강한 인공 지능은 인간의 통제를 벗어날 수 있기 때문이야.

네 번째 토론, 인공 지능의 통제와 규제

점심시간 수연과 가을이 교실 구석에 마주 앉아 얘기를 나누고 있었다.
"오늘은 어떨 거 같아?"
"지난번에 내가 좀 버벅댔지?"
"아니, 너만 그랬나. 나도 실수가 있었는데 뭘……."
두 사람은 지난번 토론에 아쉬움이 많이 남았다.
"오늘은 더 잘해 보자."
"그래, 나도 저번보다 더 꼼꼼하게 준비했어. 그나저나 저쪽 애들은 어떻게 준비했으려나?"
'상대가 어떤 주장과 근거를 내세울지 알면 방어가 쉬울 텐데…….'
수연은 상대 팀의 상황을 염탐이라도 하고 싶은 심정이었다.
"오늘이 벌써 마지막 토론이군요. 오늘은 인공 지능의 통제에 대해서 토론하기로 했죠? 누가 먼저 발표할까요?"

사회자 선생님이 말을 마치자 수연이 바로 손을 들었다.

"인공 지능의 연구, 개발과 유통에 대한 엄격한 규제가 필요하다고 생각합니다. 예를 들어 인공 지능 무기는 핵무기처럼 비싸지 않아요. 또, 대량 생산이 가능합니다. 암시장에서 테러리스트의 손에 넘어가면 잘못 사용될 수 있겠죠. 이런 문제를 방지하기 위해서도 규제는 꼭 필요합니다."

지환 팀에선 민지가 발표자로 나섰다.

"규제가 능사는 아니에요. 과학자, 공학자, 개발자도 자신들이 하는 연구와 개발이 사회에 좋은 영향을 미치기를 기대합니다. 사회를 망치고 세상을 파괴하려고 연구하는 사람이 있을까요?"

민지의 발언에 수연이 바로 반론을 제기했다.

"과학자나 개발자, 제조사가 처음부터 나쁜 의도를 가진다는 말이 아니에요. 의도와 상관없이 악용될 수 있다는 거예요. 인간에게 위협이 될 수 있는 것들, 가령 자동차, 항공기, 의약품 등이 모두 규제 대상입니다. 마찬가지로 인공 지능도 규제를 받아야 한다고 생각합니다."

이번엔 지환이 반론을 폈다.

"규제는 산업 발전을 막는 장애물로 작용할 수 있어요. 인공 지능은 4차 산업 혁명의 핵심 기술이기 때문에 강제적인 규제보다 일정 기준을 세우고 접근하는 게 좋지 않을까요?"

"4차 산업 혁명이랑 규제가 무슨 관계가 있나요?"

수연이 바로 의문을 제시했다. 지환이 안경을 고쳐 쓰며 수연의 질문에 답했다.

"지금은 시장을 먼저 차지하기 위해 각국이 치열하게 기술 경쟁을 벌이는 시기입니다. 이런 때에 국가가 강제적 법을 동원해서 인공 지능 관련 연구와 개발을 규제하면 과학과 산업의 자율성이 위축되고 창의성이 떨어지지……."

"그렇다고 아무런 규제를 안 해야 할까요?"

수연이 갑자기 끼어들자 사회자 선생님은 기다리라는 손짓을 했다. 지환의 발언이 이어졌다.

"구글, 페이스북 등 유명 기업들은 자발적으로 인공 지능 기술 윤리 위원회를 만들어 운영하고 있어요. 다소 한계가 있더라도 자발적 규제가 가장 바람직하다고 생각해요."

수연과 지환의 공방이 계속 이어졌다.

"그럼 강제적 규제가 전혀 없어도 자발적 관리만으로 충분하다는 건가요? 규제를 너무 부정적으로만 보는 것 같아요."

수연이 말했다.

"지나친 규제는 산업의 활력과 기업 생산성을 떨어뜨릴 수 있으니까요."

지환도 받아쳤다.

"하지만 꼭 필요한 규제도 있어요. 식품, 의약품, 교통, 화재 등의 안전 기준은 없어서는 안 되는 규제예요."

"가이드라인만으로 다 된다는 건 아닙니다. 강제성을 띤 규제가 필요할 때도 있겠죠."

지환 팀에서 한발 물러섰다. 지환이 규제의 필요성을 처음으로 인정했다. 여세를 몰아 수연이 강하게 밀어붙였다.

"특히 의료용 인공 지능이나 자율 주행차처럼 인간의 생명 및 안전과 직결되는 분야에는 엄격한 규제가 필요합니다."

수연의 말이 끝나자 지환이 차분한 목소리로 이야기를 꺼냈다.

"규제의 필요성을 완전히 부정하는 건 아닙니다. 다만, 인공 지능 기술이 아직 개발 단계에 있다는 점을 생각할 필요가 있어요. 정부의 섣부른 개입이 오히려 안전한 인공 지능을 개발하는 데 방해 요인으로 작용할 수도 있거든요. 따라서 규제를 하더라도 최소한으로 할 필요가 있어요. 더 구체적으로는 포지티브 규제보다 네거티브 규제가 더 적합해 보입니다."

갑자기 어려운 용어가 등장했다. 아니나 다를까 바로 상대편에서 "그 둘의 차이가 뭐죠?"라는 질문이 튀어나왔다. 호기심 어린 눈빛으로 질문을 던진 사람은 가을이었다.

"네거티브 규제는 절대로 해선 안 되는 것만 금지하고 나머지는 모두 허용하는 방식이고, 포지티브 규제는 해도 되는 것만 규정하고 나머지는 모두 금지하는 방식입니다. 네거티브 규제를 선택하면 허용 범위가 넓어져서 기업이나 개발자의 자율성이 더 보장될 거예요."

지환이 대답했다.

"산업 발전 측면에서만 본다면 자율성을 보장하는 게 좋겠지만 기술은 늘 빛과 그림자를 동시에 지닙니다. 특히나 인공 지능 기술은 그림자가 더 짙을 걸로 예상되고요. 따라서 자율성만을 무조건 보장할 수 없고, 해서도 안 됩니다."

"어떤 부작용 때문에 규제를 강화해야 한다는 건가요?"

지환이 따지듯이 질문했다.

"앞서 잠깐 언급한 킬러 로봇만 해도 그렇죠. 자율 살상 로봇 말입니다. 일단 살상 명령이 떨어지면 누구를 죽여야 하는지 실시간으로 판단하고 결정이 이뤄져요. 인공 지능이 자체적으로 표적을 정한 뒤 대상을 없애 버리는 겁니다. 이때 통제 시스템이 허술해지면 킬러 로봇이 무고한 사람에게 해를 끼칠 수도 있지요."

수연의 발언이 거침없었다. 하지만 곧장 지환의 반론이 시작됐다.

"그렇지만 긍정적으로 생각해 보면 자율형 로봇을 인명 구조용, 화재 진압용, 지진이나 해일, 원전 사고 등 재난 대응용으로 이용할 수 있지 않을까요? 위급 상황에서 자율형 로봇은 큰 역할을 할 수 있을 것 같아요. 기술 개발도 장려하면서 위험한 부분은 규제하는 균형 있는 대책이 필요하지 않을까요?"

"저희는 인공 지능의 긍정적 측면을 부정하는 게 아니라 부정적 측면을 어떻게 규제할지를 말하는 거예요. 인공 지능의 군사적 이용은 경계해야 한다고 생각해요. 킬러 로봇과 관련해선 조만간 국제 규범이 만들어질 거라고 해요.

2017년 11월 스위스 제네바에서 열린 '특정 재래식 무기 금지 협약 회의'에서는 킬러 로봇에 대해 의견을 나누었다고 해요. 유엔 차원에서 처음으로 인공 지능 킬러 로봇을 다룬 회의랍니다. 회의를 앞두고 물리학자 스티븐 호킹 등 저명인사들이 강한 인공 지능과 자율형 로봇의 개발을 금지해야 한다는 성명을 발표했어요."

수연의 발언이 끝나자 가을이 보충 설명을 덧붙였다.

"비슷한 사례가 하나 더 있어요. 2015년 7월 아르헨티나에서 열린 '국제 인공 지능 콘퍼런스'에서도 1천여 명이 '인공 지능 무기를 금지하는 법을 제정해야 한다.'라는 성명을 발표했어요."

수연과 가을의 발언이 끝나기 무섭게 민지가 질문을 던졌다.

"하나의 분야에 대한 우려 때문에 인공 지능 분야 전체를 규제하거나 간섭한다면 지나친 거 아닐까요?"

민지의 질문에 대응한 사람은 가을이었다.

"엘론 머스크는 '인공 지능 연구는 악마를 소환하는 것과 같다. 핵무기보다 위험하다. 인공 지능은 현존하는 가장 큰 위협이 될 수 있고, 주의 깊게 연구해야 한다.'라고 했어요. 그가 인공 지능 기술 공유화를 주장하는 이유도, 기술의 적절한 통제를 위해서일 거예요."

민지가 가을에게 다시 질문을 던졌다.

"악마요? 혹시 강한 인공 지능을 말하는 건가요?"

"아마도요. 강한 인공 지능은 인간의 통제를 벗어날 가능성이 높으니 미리 법적, 제도적 대비가 필요하다는 말이지요."

가을이 대답했다.

"강한 인공 지능은 영화 같은 이야기예요. 그런 것 때문에 과도한 규

제를 만들어 기술 발전을 가로막아서는 안 되죠. 너무 지나친 걱정 같아요."

민지가 어이없다는 미소를 보였다.

"설사 강한 인공 지능이 등장한다 해도 인간이 통제하면 됩니다. 개발 단계부터 인공 지능을 통제할 수 있는 장치를 마련하면 돼요."

지환도 민지의 발언을 거들었다.

"잠시만요, 강한 인공 지능 문제는 이따 다시 논의하도록 할까요?"

학생들의 눈길이 일제히 선생님을 향했다. 논쟁을 지켜보던 사회자 선생님이 지금까지 나눈 의견들을 간단히 정리했다.

"음, 결국 인공 지능 규제는 인공 지능에 대한 인식에 따라 달라질 거예요. 인공 지능이 인류의 미래를 위협한다고 우려하면 적극적인 규제와 개입을 요구할 테고, 인공 지능이 몰고 올 변화가 감내할 만하다고 판단하면 가능한 최소한의 규제를 주장하겠죠.

다만 분명한 것은 인공 지능의 발전이 과거와 완전히 다른 미래를 보여 줄 가능성이 높다는 사실이에요. 그에 따라 인간과 인공 지능의 관계를 어떻게 설정하느냐가 중요한 문제로 떠오를 거예요. 지금 우리가 이런 토론을 벌이는 것도 바로 그런 관계 설정에 대해서 미리 고민해 보기 위해서랍니다."

선생님이 기지개를 한번 켜자고 제안하자 다들 뻑적지근한 가슴과 어깨를 쭉 폈다.

인공 지능이 책임을 질 수 있을까?

"자, 이제 논점을 바꿔서 인공 지능의 도덕적 책임을 토론해 볼까요?"
사회자 선생님이 다른 주제로 전환하자 가을이 나섰다.

"2015년 7월에 독일에서 로봇이 사람을 살해하는 사건이 최초로 발생했습니다. 폭스바겐 바우나탈 자동차 공장에서 고정식 로봇을 설치하던 중 로봇이 갑자기 기술자를 붙들어 금속 철판에 박아 버리는 끔찍한 사고였어요.

이 사고로부터 우리는 여러 질문을 끄집어낼 수 있어요. 킬러 로봇이 무고한 시민을 죽였다면 그 책임은 누가 져야 하나, 인공 지능에게 어느 정도의 자율성과 도덕적 결정권을 부여할 것인가 하는 질문이요."

가을이 발언을 끝내자 민지가 손을 들었다.

"인공 지능의 행동에는 어쩔 수 없이 윤리적 원칙이 적용돼야 합니다. 인간을 돕는 행동이 모두 윤리적인 건 아니기 때문이죠. 범죄자가 인공 지능에게 요구해서 무언가를 훔치도록 한다면, 이는 범죄죠. 따라서 인공 지능 로봇에 윤리적 원칙이 프로그래밍되어야 합니다. 로봇 3원칙이 대표적인 장치예요."

지환이 민지의 발언에 보충 설명을 했다.

"로봇 3원칙을 입력하는 건 로봇의 부작용을 막는 방법이에요. 그런데도 로봇이 사람에게 해를 끼쳤다면 로봇을 만든 회사가 책임을 져야 해요. 제조물 책임법은 제품의 결함으로 발생한 손해로부터 소비자를 보호하기 위해 만든 법률입니다. 이 법에 따라, 소비자가 제품의 결함 때문에 신체나 재산에 피해를 입었을 때 제조사는 소비자가 입은 손해를 갚아 줘야 하죠.

자동차 제조업체 볼보는 인공 지능을 탑재한 자율 주행차의 사고를 회사가 전부 책임지겠다는 방침을 발표했습니다. 여기에는 인간이 운전하는 차량과 달리 대형 사고가 발생할 가능성이 매우 적을 거라는 자신감이 깔려 있어요."

지환은 이 대목을 조사할 때 변호사인 엄마의 도움을 받았다. 수연 팀에선 법률적 문제를 조사하기로 한 가을이 나섰다.

"이런 경우도 생각해 볼 수 있어요. 자율 주행차의 경우, 돌발적인 위험 상황이 발생했을 때 탑승자가 희생되더라도 다수의 보행자를 보호할지, 다수의 보행자가 희생되더라도 탑승자를 보호할지 선택의 기로에 놓일 수 있죠. 여기서 '자율 주행차가 어떤 선택을 해야 하며, 선택의 책임은 누구에게 있는가?'라는 질문이 제기됩니다."

지환이 가을에게 질문을 했다.

"사람이 아닌 존재가 법적 책임을 질 수 있을까요?"

"사전 조사를 하면서 알게 된 사실인데, '법인격'이라는 게 있더라고요. 권리와 의무를 지닌 법률상의 인격을 말하는데, 법인격이 적용되는 건 사람과 법인이에요. 법인은 사람이 아니면서 권리와 의무의 주체가 되는 대상이죠. 주식회사가 대표적이에요.

예를 들어, 어떤 주식회사가 만든 제품 때문에 소비자가 질병에 걸리면 그 소비자는 회사를 상대로 소송을 겁니다. 가습기 살균제 피해자들이 그런 사례예요. 이럴 때 배상 책임의 주체는 대표이사 같은 사람이 아니라 회사가 됩니다."

가을이 조사한 내용을 바탕으로 다소 전문적인 얘길 꺼내자 민지의 눈빛이 긴장한 듯 반짝였다. 민지와 달리 지환은 자연스럽게 질문을 쏟아부었다.

"그럼 인공 지능에 그런 법인격을 부여하자는 건가요? 카페에서 손님 접대용으로 쓰이는 페퍼 같은 로봇에 법인격을 적용할 수 있나요? 그렇다면 사고가 발생했을 때 페퍼가 배상 책임을 진다는 건가요?"

가을은 지환에게 바로 되물었다.

"페퍼 수준의 단순한 인공 지능 로봇이 아니라 고도의 지능을 갖춘 인공 지능 로봇이라면 얘기가 달라지죠. 사전에 설계된 알고리즘대로 움직이는 게 아니라 스스로 경험하고 배운 대로 행동하는 로봇 말이에요. 이런 로봇이 잘못을 저질러도 제조사의 책임일까요?"

또다시 의견이 팽팽히 맞섰다.

"인공 지능에 책임을 묻기 위해서는 그 전제로 인공 지능이 '행위 주체'여야 하지 않을까요?"

"행위 주체라는 게 무슨 뜻이죠?"

"행위 주체란 그 행위를 하는 데 있어 어떤 의도를 가진 존재를 말합니다. 앞서 폭스바겐 공장의 로봇에게 살인죄를 묻기 어려운 것도 행위 주체, 즉 의도를 가진 행위자로 보기 어렵기 때문이에요."

"그런데 앞으로 기술이 더 발전해서 인공 지능이 어떤 의도나 자유 의지에 따라 행동한다면 얘기가 달라지지 않을까요?"

가을과 지환이 의견을 주고받는 가운데 민지가 의견을 냈다.

"인공 지능의 '도덕적 지위'를 인정하려면 두 가지가 충족되어야 합니다. 첫째는 행위를 선택할 수 있어야 하고, 둘째는 행위 결과에 책임을 질 수 있어야 해요. 인공 지능이 주체적으로 어떤 행위를 선택했다고 가정하더라도, 그 결과를 책임질 수 없다면 '도덕적 지위'를 갖기 힘들겠죠."

민지의 의견에 맞선 사람은 수연이었다.

"인공 지능에게 책임을 지울 수 있고, 인공 지능도 책임을 감당할 수 있다면요?"

수연의 질문에 민지가 냉큼 답했다.

"사람이 아닌 대상에 책임을 물을 수 없다는 것이 저희의 입장이에요. 현행법 제도 아래서는 인공 지능의 기본적 책임을 인공 지능을 활용하는 이용자에게 두지요. 로봇이 실수로 사람을 차도 쪽으로 밀거나 재산에 피해를 입혔을 경우에 그 책임을 누구에게 물어야 할까요? 당연히 로봇의 소유주나 이용자가 책임을 져야죠. 교통사고가 났다고 자동차를 처벌하지 않는 것과 같은 이치예요."

민지의 대답을 들은 수연이 단호한 목소리로 반격했다.

"인공 지능이 자동차와 같나요? 자동차는 스스로 판단하고 결정해서 주행하는 게 아니잖아요. 따라서 교통사고의 책임은 어디까지나 자동차를 운전하는 인간에게 있어요. 스스로 판단하고 행동하는 인공 지능이 등장하면 자동차의 경우와 비교할 수 없을 거예요."

수연에게 밀린다는 느낌이 들자, 민지의 목소리가 자기도 모르게 커졌다.

"스스로 판단하고 움직이면 책임지게 할 수 있다고요? 개도 스스로 움직이는 경우 아닌가요? 개가 지나가는 사람을 물었을 때 개에게 책임을 물었다는 이야기는 듣도 보도 못했네요."

민지의 지적에 수연이 단호한 말투로 의견을 이어 갔다.

"개와 인공 지능은 엄연히 다릅니다. 책임을 지우려면 이성, 의식, 자유 의지 등이 있어야 해요. 따라서 인공 지능에게 책임을 묻는 문제는 약한 인공 지능보다 강한 인공 지능과 관련 있을 거예요. 그렇다고 약한 인공 지능에게 책임이 전혀 없다는 건 아니고요. 약한 인공 지능이라도 인간의 조종에서 벗어나 자율적으로 작동할 여지가 커지면 얼마간 도덕적 책임을 져야 한다고 봐요. 약한 인공 지능이든, 강한 인공 지능이든, 자율성이 높아질수록 인간의 통제와 예상을 벗어날 수 있고 그 결과 예상치 못한 사고로 이어질 가능성도 높아지니까요."

"그러나 인공 지능에 책임을 묻는 것은 인간의 책임을 인공 지능에 부당하게 떠넘기는 게 아닐까요? 인공 지능의 제작과 통제에 책임이 있는 사람들에게 면죄부를 주는 느낌이에요."

지환이 무책임하다는 의견을 내세웠다.

"누군가에게 면죄부를 줄 목적으로 인공 지능의 책임을 말하는 건 아닙니다. 모든 작동 과정을 프로그래밍한 단순 알고리즘의 경우, 작동 원리가 명확하기 때문에 사고가 발생하면 개발자나 제조사든, 부주의한 사용자든, 명확하게 책임을 가릴 수 있어요. 그런데 발전된 인공 지능은 다릅니다. 혹시 알파고가 어떻게 바둑을 두는지 아세요?"

수연이 지환에게 되물었다.

"알파고랑 이세돌 9단이 바둑을 둔 기록이 있지 않나요? 그걸 보면 알 수 있겠죠."

지환이 간단히 대답하자 이번엔 가을이 나섰다.

"아니, 그 말이 아니고요. 알파고가 어떤 사고 과정을 거쳐 바둑을 두는지 아느냐는 겁니다. 알파고를 만든 구글 딥마인드조차 알파고가 어떤 추론 과정을 거쳐 바둑을 두는지 정확히 알지 못해요. 비유하자면, 아이

한테 말을 가르칠 순 있지만 아이의 머릿속에서 어떤 과정을 거쳐 말이 나오는지는 모르는 것과 같아요."

"그게 인공 지능의 책임과 무슨 상관이죠?"

질문을 던진 이는 민지였다.

"그러니까 더 발전된 인공 지능은 개발자도 성능과 기능에 대한 완벽한 예측이 어렵다는 겁니다. 사고가 발생했을 때 개발자나 제조사의 책임을 어디까지 물어야 할지 난감한 상황이 돼 버리는 거지요. 다시 말하지만, 인간에게 책임이 없다는 게 아닙니다."

가을이 대답했다.

"그렇다 해도 인공 지능에 어떻게 책임을 묻죠? 사람이야 처벌이든 금전적 배상이든 책임질 방법이 있지만, 인공 지능은 그런 게 불가능하잖아요."

민지가 다시 지적했다.

"인공 지능은 폐기할 수 있겠죠. 채팅 인공 지능인 챗봇처럼 '봇bot'이 붙는 인공 지능 소프트웨어는 삭제하거나 업데이트하는 방법이 있습니다."

가을의 대답에 민지가 어이없다는 표정을 지었다.

"헉, 소프트웨어의 삭제나 업데이트가 처벌이라고요? 소프트웨어를 향상시키는 업데이트는 처벌보다 개선에 가까울 듯한데요. 그게 책임지는 적절한 방법인지 의심스럽군요."

"인공 지능의 책임이라는 문제가 기존의 관점에서는 이해하기 어려울 거예요. 지금까지 없었던 완전히 새로운 문제니까요. 그런 특수성을 감안

한다면 이런 방법 역시 책임지는 방법으로 볼 수 있지 않을까요? 아무튼 인공 지능을 책임질 수 없는, 단순한 도구로만 여기는 태도는 위험합니다. 왜냐하면 인간이 인공 지능을 완전히 통제할 수 있다는 잘못된 생각을 심어 줄 수 있기 때문이죠."

가을의 발언이 끝나자마자 수연이 거들고 나섰다.

"사실, 책임의 핵심은 처벌이나 배상이 아닐지 모릅니다. 의무와 역할을 충실히 다하는 것, 그 역시 책임지는 자세 아닐까요? 어떤 일에 책임이 있다는 말은, 그 일과 관련해서 마땅히 지켜야 할 의무가 있다는 뜻이기도 하니까요.

과거의 인공 지능이 인간의 판단을 거들고 보조하는 역할에 그쳤다면, 미래의 인공 지능은 인간과 동등한 수준에서 판단을 내리게 될지 모릅니다. 따라서 인공 지능의 의무와 역할을 명확히 할 필요성이 더욱 커질 거예요."

"좋아요. 인공 지능의 도덕적 지위와 책임에 대해서 토론했는데요. 여러분이 잘 지적해 줬듯이, 어떤 행위에 대한 책임 여부는 자유 의지를 전제로 합니다. 인공 지능의 책임 문제도 결국 인공 지능이 자유 의지를 갖느냐에 따라 달라질 수밖에 없을 거예요. 아직까지 그런 인공 지능은 없지만, 앞으로는 어떻게 될지 모르죠. 인공 지능의 책임 문제는 이 정도로 마무리할까요?"

사회자 선생님의 질문에 다들 "네." 하고 대답했다.

강한 인공 지능은 통제가 가능할까?

"마지막으로 강한 인공 지능이 통제 가능한가에 관한 문제를 토론합시다. 약한 인공 지능의 통제 가능성에 대해서는 어느 정도 의견이 일치하는 듯합니다. 크게 논란이 되는 강한 인공 지능의 통제 가능성을 위주로 토론하도록 할까요?"

사회자 선생님의 발언이 끝나자 먼저 발언에 나선 사람은 수연이었다.

"강한 인공 지능은 약한 인공 지능과 달리 여러 분야에서 많은 문제를 해결해 줄지 모릅니다. 반면 인류를 공격하고 파괴할 수도 있어요. 앞서 다룬 인공 지능의 윤리적 책임이 중요한 이유도 강한 인공 지능 때문이라고 할 수 있어요. 스티븐 호킹은 이미 '인공 지능 개발이 인류 전체의 멸망을 가져올 수 있다.'라고 경고했습니다."

수연의 말이 끝나자 지환이 단호한 목소리로 반박했다.

"다시 말하지만, 현장의 연구자들은 강한 인공 지능의 가능성에 회의적입니다. 강한 인공 지능을 우려하는 스티븐 호킹은 물리학자고, 엘론 머스크는 기업가이자 발명가죠. 이들은 인공 지능을 연구하는 전문가가 아닙니다."

민지가 지환을 거들었다.

"강한 인공 지능이 수십 년 안에 등장한다고 인정한다 해도, 우선 우리가 걱정하고 대비해야 할 문제는 강한 인공 지능보다 약한 인공 지능일 것 같은데요. 차라리 약한 인공 지능과 네트워크가 맞물려 발생하는 문제를 고민하고 대비하는 게 먼저 아닐까요? 네트워크란 인터넷이나 이동 통신의 연결망을 뜻하죠. 약한 인공 지능이 인터넷이나 SNS 등과 결합해 일어나는 문제는 당장이라도 벌어질 수 있으니까요."

"그런 문제에 대해서도 당연히 대비를 해야겠고, 강한 인공 지능에 대해서도 대비를 해야죠."

짧게 받아친 이는 가을이었다. 민지가 다시 반론을 내놓았다.

"급한 건 약한 인공 지능입니다. 가령 인공 지능이 네트워크상에서 잘못된 데이터를 학습하거나 나쁜 목적으로 사생활을 침해하고 테러를 가할 수도 있어요. 구체적인 사례를 들어 볼까요? MS가 만든 인공 지능 채팅 로봇 테이가 있었어요. 2016년 3월 세상에 처음 나왔는데, 하루 만에 운영이 중단됐어요. 출시되고 하루도 안 돼 성차별과 인종 차별 발언을 쏟아 냈기 때문이에요. 테이는 사람들과 대화하면서 발전하도록 설계됐는데 일부 사용자들이 테이를 악의적으로 세뇌시켰어요."

"약한 인공 지능이 문제가 없다는 게 아닙니다. 약한 인공 지능은 사생활 침해와 관련해서 여러 문제를 낳을 수 있어요. 말씀하신 내용뿐만 아니라 민감한 개인 정보가 무분별하게 수집되고 잘못 쓰일 가능성도 있죠. 다만, 저희는 그런 문제뿐만 아니라 강한 인공 지능도 경계하자는 거예요."

가을이 민지 의견에 일부 동의하는 듯하다가 다시 반론을 폈다.

"테이의 사례처럼 학습이나 프로그래밍 등 인위적 개입이 없다면, 인공 지능이 인간처럼 폭력성이나 지배

욕을 갖게 될 가능성은 희박하다고 생각해요. 그런 지배 욕구는 자의식이 있어야 생겨날 텐데, 인공 지능이 자의식을 가질 수 있을지 의문이니까요."

단호한 민지의 반론에 수연이 발언을 시작했다.

"저희는 자의식을 갖춘 인공 지능도 미래에 충분히 가능하다고 생각하는 입장이에요. 자아나 자의식에 대해서는 이전 토론에서 충분히 토론했으니까 더 이상 언급하진 않겠습니다. 또 하나, 설사 지배욕이나 폭력성이 없더라도 인공 지능은 인간을 전멸시킬 수 있지 않을까요?"

민지가 발끈하고 나섰다.

"아니, 어떻게 그럴 수 있죠? 이해가 안 되는데요. 생각해 보세요. 인공 지능이 인간을 심심풀이 대상으로 죽이거나 하진 않을 거예요. 아무 이유 없이 인간을 공격하진 않겠죠. 그래서 지배욕과 공격성을 가질 경우를 전제로 이야기한 겁니다."

"인간을 지배하려는 목적이 아니더라도 인간에게 적대적일 수 있습니다. 만약 인류가 오해든 실수든 인공 지능을 적대적으로 판단해 없애려 한다고 해 보죠. 그럴 때 자의식을 지닌 인공 지능이 가만히 있을까요? 당연히 인간에게 반격하겠죠. 지배욕이나 폭력성보다는 생존 본능에 가까운 이유로요."

가을은 다시 한번 구체적으로 설명했다.

"인공 지능이 생존 본능을 갖는다고요? 그런 게 있을 수 있을지 의문이지만, 가능하다고 쳐도 걱정할 필요가 없어요. 강한 인공 지능은 인간의 제어 없이도 스스로 합리적 판단을 할 거라고 예상합니다. 설사 생존 본능 같은 게 있더라도, 합리적 판단 능력으로 충분히 극복할 수 있다고 생각해요."

민지의 목소리가 제법 커졌지만, 가을은 차분하게 반론을 제기했다.

"저희가 두려운 게 바로 그 점입니다. 인공 지능 입장에서 합리적인 건 무엇일까요? 어쩌면 인공 지능은 지구를 위해서는 인류가 없어져야 한다고 생각할지 모릅니다. 환경 오염과 기후 변화로 지구가 겪는 고통을 생각해 보세요. 상황이 매우 심각하지만 인류는 이를 해결하려는 적극적인 노력을 거의 하지 않죠. 따라서 인류가 죽어야 지구가 산다고 생각할 수 있습니다. 이런 생각은 과연 비합리적일까요? 인간의 입장에서 부적절해 보이더라도, 지구의 관점에선 합리적 결론이 아닐까요?"

민지가 다시 발끈했다. 이번엔 얼굴도 조금 상기돼 있었다.

"환경 문제 얘기가 갑자기 왜 나오죠? 오늘의 토론 주제와 다소 동떨어진 내용 같은데요?"

가을이 차분하지만 단호한 말투로 반론을 폈다.

"동떨어진 얘기가 아니에요. 생각해 보세요. 예를 들어 인구가 폭발적으로 증가하는데 지구 온난화로 식량 생산이 감소한다고 가정해 봅시다. 이런 상황에서 가장 합리적인 해결책은 무엇일까요? 만약 강한 인공 지능이 인류 전체를 걱정해 인류의 일부를 줄이겠다고 한다면요? 또, 지구 환경이 갈수록 악화되는 상황에서 인류가 지구에 아무 도움도 안 된다고 판단해 없애려고 한다면요?"

이번엔 민지를 대신해 지환이 나섰다.

"그런 건 적절한 안전장치를 통해 제어 가능합니다. 킬 스위치kill switch 같은 걸 만들면 되죠. 킬 스위치는 일종의 자폭 장치로 볼 수 있어요. 실제로 구글의 딥마인드는 인공 지능이 인간을 위험에 빠뜨릴 때 인공 지능의 작동을 수동으로 멈추는 '빅 레드 버튼'을 개발하겠다고 발표했습니다."

수연이 지환에게 반론을 제기했다.

"인공 지능이 자의식과 의지를 갖는 경우에, 자기 보존을 위해 인간을 위협할 수 있기 때문에 그런 장치가 필요할지 모릅니다. 그런데 방금 지적한, 지구를 보호하기 위해 인류를 파괴하는 문제는 킬 스위치를 넘어서는 사안이 아닐까요? 인공 지능 로봇 몇 대만의 문제가 아니니까요."

수연이 의문을 제기하자 지환이 더 설명을 이어 갔다.

"설계 단계부터 인간 친화적인 인공 지능을 만들면 되지 않을까요? 인공 지능의 존재 이유를 인간 행복과 인류 발전으로 분명하게 못 박고, 그런 대원칙 아래 인공 지능을 개발하고 관리하면 됩니다."

"문제는 그런 방법이 반드시 통하리란 법이 없다는 겁니다. 위험을 자꾸 강조하는 이유는, 인공 지능이 인류가 지금까지 한 번도 경험하지 못한 세상을 가져다줄 가능성이 아주 높기 때문이에요. 또, 기술 변화에 비해 사회적 대비나 대책이 느리기 때문이기도 해요. 지금껏 그래 왔어요."

수연의 반론을 듣고 난 민지가 마무리 발언을 했다.

"인공 지능이 〈터미네이터〉의 스카이넷처럼 인류를 공격하고 세상을 정복하려 들까요? 인류가 그렇게 살아왔으니까, 인공 지능에 그와 같은 욕망을 투영한 건 아닐까요? 진짜 무섭고 두려운 건 인공 지능보다 인간일지 모릅니다. 인간의 오만과 폭력성을 경계해야 해요. 인공 지능을 설계, 제작, 관리하고 활용하는 건 인간이니까요. 미래는 어느 날 하늘에서 뚝 떨어지는 게 아니에요. 미래는 현재의 연장입니다. 강한 인공 지능의 문제는 인류의 문제, 현재의 문제의 연장선 위에 있죠."

민지의 말을 가만히 듣고 있던 가을이 입을 뗐다.

"좋은 지적입니다. 마침 〈터미네이터〉를 언급하셨으니, 그 영화 얘기로 저희 팀 이야기도 마무리를 할게요. 영화에는 '미래는 정해져 있지 않다. 운명이란 없고, 미래는 우리 스스로가 만드는 것이다.'라는 유명한 대사가 나오죠. 인공 지능이 인간을 지배하고 파괴하는 것도 인간의 잘못에서 비롯할지 모릅니다. 인공 지능이 인류를 지구에 해로운 존재로 판단해서 없애려 한다면, 그 역시 인간에게 문제가 있기 때문일 거예요.

인공 지능 그 자체는 선도 악도 아니에요. 다만 인류가 어떻게 살아가는가에 따라 인류를 대하는 인공 지능의 태도는 달라질 수 있어요. 우리가 변해야 합니다."

"마지막에 두 팀이 의견 일치를 보는군요. 아주 좋은 모습입니다. 토론을 하는 목적은 말로 상대를 이기기 위함이 아닙니다. 차이를 확인하고 접점을 찾기 위해서죠. 그런 의미에서 마지막 토론이 아주 보기 좋게 마

무리되어 뿌듯하군요. 최종 결과와 상관없이 여러분 모두 정말 잘해 줬어요. 서로에게 수고했다는 뜻으로 모두 박수!"

짝짝짝!

박수 소리가 울려 퍼졌다.

그동안 준비했던 시간들이 주마등처럼 수연의 머리를 스쳤다. 선생님 말씀처럼 결과와 상관없이 홀가분했다. 토론을 마치고 교문을 나서는 수연의 머리 위로 시원한 바람이 불어왔다.

함께 정리해 보기

인공 지능을 통제하는 문제에 대한 쟁점

인공 지능은 통제할 수 있다

논쟁이 되는 문제

인공 지능은 통제하기 어렵다

인공 지능은 통제할 수 있다	논쟁이 되는 문제	인공 지능은 통제하기 어렵다
과학과 산업의 자율성을 존중해 자율적 규제에 맡겨야 한다.	인공 지능 산업에 대한 규제를 어떻게 해야 할까?	인공 지능의 부작용을 감안해 초기부터 강제적인 규제가 필요하다.
인공 지능에 책임을 묻기 어렵다.	인공 지능의 윤리적 책임은?	인공 지능에게 책임을 물을 수 있다.
강한 인공 지능은 실현 불가능하고, 실현되더라도 통제 가능하다.	강한 인공 지능은 통제 가능할까?	강한 인공 지능은 실현 가능하고, 통제가 불가능하다.

참고 문헌

가 알페로비츠 외, 《독식 비판》, 민음사

고인석, 〈로봇이 책임과 권한의 주체일 수 있는가〉

고인석, 〈인공 지능 시대의 인간〉

구본권, 《로봇 시대, 인간의 일》, 어크로스

권복규 외, 《호모사피엔스씨의 위험한 고민》, 메디치미디어

김기현, 〈인공 지능의 미래와 인문학의 역할〉

김대식, 《김대식의 인간 vs 기계》, 동아시아

김은식, 《로봇 시대 미래 직업 이야기》, 나무야

김윤명, 《인공 지능과 리걸 프레임, 10가지 이슈》, 커뮤니케이션북스

김윤명, 〈인공 지능(로봇)의 법적 쟁점에 대한 시론적 고찰〉

김재인, 《인공 지능의 시대, 인간을 다시 묻다》, 동아시아

김재호 외, 《인공 지능, 인간을 유혹하다》, 제이펍

김진석, 〈약한 인공 지능과 강한 인공 지능의 구별의 문제〉

닉 보스트롬, 《슈퍼 인텔리전스》, 까치

닛케이 빅테이터, 《구글에서 배우는 딥 러닝》, 영진닷컴

대니얼 웨그너 외, 《신과 개와 인간의 마음》, 추수밭

레이 커즈와일, 《마음의 탄생》, 크레센도

레이 커즈와일, 《특이점이 온다》, 김영사

로드니 브룩스, 《로봇 만들기》, 바다출판사

마쓰오 유타카, 《인공 지능과 딥 러닝》, 동아엠앤비

마틴 포드, 《로봇의 부상》, 세종서적

미치오 카쿠, 《마음의 미래》, 김영사

바티스트 밀롱도, 《조건 없는 기본 소득》, 바다출판사

박성원, 〈인공 지능과 사회 변화, 그리고 당신이 바라는 미래〉

박순서, 《공부하는 기계들이 온다》, 북스톤

배영임 외, 〈인공 지능의 명암〉

스튜어트 러셀 외, 《인공 지능》, 제이펍

신상규, 〈인공 지능은 자율적 도덕행위자일 수 있는가?〉

신상규, 〈인공 지능, 새로운 타자의 출현인가?〉

에릭 브린욜프슨 외, 《제2의 기계 시대》, 청림출판

오은, 《너는 시방 위험한 로봇이다》, 살림

웬델 월러치 외, 《왜 로봇의 도덕인가》, 메디치미디어

유기윤 외, 《미래 사회 보고서》, 라온북

이민화, 〈인공 지능과 일자리의 미래〉

이원태, 〈인공 지능의 규범이슈와 정책적 시사점〉

이정우, 《기술과 운명》, 한길사

이재현, 〈인공 지능에 관한 비판적 스케치〉

이종관, 《포스트휴먼이 온다》, 사월의책

이종호, 《로봇은 인간을 지배할 수 있을까?》, 북카라반

제리 카플란, 《인간은 필요 없다》, 한스미디어

제리 카플란, 《인공 지능의 미래》, 한스미디어

제임스 배럿, 《파이널 인벤션》, 동아시아

제프 콜빈, 《인간은 과소평가되었다》, 한스미디어

조성배, 《왜 인공 지능이 문제일까》, 반니

차두원 외, 《잡 킬러》, 한스미디어

천현득, 〈인공 지능에서 인공 감정으로〉

최광은, 《모두에게 기본 소득을》, 박종철출판사

최윤식, 《미래학자의 인공 지능 시나리오》, 코리아닷컴

카카오, 〈카카오 AI 리포트〉

토머스 캐스카트, 《누구를 구할 것인가?》, 문학동네

한국고용정보원, 〈기술 변화에 따른 일자리 영향 연구〉

Michael A. Osborne 외, 〈The Future of Employment : How Susceptible Are Jobs to Computerisation?〉

단행본은 《 》로, 논문 및 보고서는 〈 〉로 표기합니다.